Kohlhammer

Die Autorin

Prof. Dr. Silke Heimes studierte Medizin und Germanistik in Deutschland und Brasilien. Sie hat lange als Ärztin in Psychiatrien in Deutschland und der Schweiz gearbeitet. Heimes ist Poesietherapeutin, leitet das Institut für kreatives und therapeutisches Schreiben (IKUTS) und ist Professorin für Journalistik an der Hochschule Darmstadt. Sie ist Expertin für therapeutisches Schreiben und lebt in Darmstadt sowie am Meer und in den Bergen, wo sie Romane und Sachbücher schreibt.

Silke Heimes

Therapeutisches Schreiben bei Depressionen

Hilfe zur Selbsthilfe

Verlag W. Kohlhammer

Dieses Werk einschließlich aller seiner Teile ist urheberrechtlich geschützt. Jede Verwendung außerhalb der engen Grenzen des Urheberrechts ist ohne Zustimmung des Verlags unzulässig und strafbar. Das gilt insbesondere für Vervielfältigungen, Übersetzungen und für die Einspeicherung und Verarbeitung in elektronischen Systemen.

Pharmakologische Daten verändern sich ständig. Verlag und Autoren tragen dafür Sorge, dass alle gemachten Angaben dem derzeitigen Wissensstand entsprechen. Eine Haftung hierfür kann jedoch nicht übernommen werden. Es empfiehlt sich, die Angaben anhand des Beipackzettels und der entsprechenden Fachinformationen zu überprüfen. Aufgrund der Auswahl häufig angewendeter Arzneimittel besteht kein Anspruch auf Vollständigkeit.

Die Wiedergabe von Warenbezeichnungen, Handelsnamen und sonstigen Kennzeichen berechtigt nicht zu der Annahme, dass diese frei benutzt werden dürfen. Vielmehr kann es sich auch dann um eingetragene Warenzeichen oder sonstige geschützte Kennzeichen handeln, wenn sie nicht eigens als solche gekennzeichnet sind.

Es konnten nicht alle Rechtsinhaber von Abbildungen ermittelt werden. Sollte dem Verlag gegenüber der Nachweis der Rechtsinhaberschaft geführt werden, wird das branchenübliche Honorar nachträglich gezahlt.

Dieses Werk enthält Hinweise/Links zu externen Websites Dritter, auf deren Inhalt der Verlag keinen Einfluss hat und die der Haftung der jeweiligen Seitenanbieter oder -betreiber unterliegen. Zum Zeitpunkt der Verlinkung wurden die externen Websites auf mögliche Rechtsverstöße überprüft und dabei keine Rechtsverletzung festgestellt. Ohne konkrete Hinweise auf eine solche Rechtsverletzung ist eine permanente inhaltliche Kontrolle der verlinkten Seiten nicht zumutbar. Sollten jedoch Rechtsverletzungen bekannt werden, werden die betroffenen externen Links soweit möglich unverzüglich entfernt.

Dieses Buch ist kein Ersatz für professionelle ärztliche oder therapeutische Hilfe bei gesundheitlichen und psychischen Problemen. Es dient lediglich zur Unterstützung der Therapie. Obwohl sich die Arbeit mit den Übungen in der Praxis als hilfreich und effektiv erwiesen hat, erfolgt deren Anwendung in eigener Verantwortung. Der Verlag und die Autorin schließen jegliche Haftung für Gesundheits- und Personenschäden aus.

Autorenfoto: Christoph Rau.
Icon: Susanne Geminn.

1. Auflage 2023

Alle Rechte vorbehalten
© W. Kohlhammer GmbH, Stuttgart
Gesamtherstellung: W. Kohlhammer GmbH, Heßbrühlstr. 69, 70565 Stuttgart
produktsicherheit@kohlhammer.de

Print:
ISBN 978-3-17-042362-6

E-Book-Formate:
pdf: ISBN 978-3-17-042363-3
epub: ISBN 978-3-17-042364-0

Inhalt

Geleitwort		7

Vorwort		9

1	**Therapeutisches Schreiben**	**13**
1.1	Für wen eignet sich das therapeutische Schreiben?	15
1.2	Psychische Wirkungen des Schreibens	17
1.3	Studien zur Wirkweise	19
1.4	Der Aspekt der Selbstwirksamkeit	29
1.5	Das Element der Achtsamkeit	32
1.6	Risiken und Nebenwirkungen	35
1.7	Grübeleien und Gedankenspiralen	37

2	**Was ist eine Depression?**	**39**
2.1	Verbreitung von depressiven Störungen	41
2.2	Formen und Phasen einer Depression	43
2.3	Entstehung von Depressionen	45
2.4	Depression und Persönlichkeit	46
2.5	Depression und Beziehungen	48
2.6	Depression und Leistung	51
2.7	Depression und Schuldgefühle	53
2.8	Körperliche Aspekte einer Depression	55
2.9	Depression und Suizidalität	57
2.10	Abgrenzung zum Burnout-Syndrom	58

Inhalt

3	**Therapieansätze**	**61**
3.1	Pharmakotherapie bei Depressionen	63
3.2	Psychotherapie bei Depressionen	64
3.3	Das Depressionstagebuch	66
3.4	Selbsthilfegruppen bei Depressionen	68

4	**Schreibpraxis pur**	**70**
4.1	Kleine Inventur	71
4.2	Assoziative Schreibübungen	74
4.3	Imaginative Schreibübungen	77
4.4	Werte und Einstellungen	79
4.5	Eigenschaften und Verhaltensweisen	80
4.6	Bedürfnisse und Wünsche	83
4.7	Ressourcen und Potentiale	88
4.8	Perfektionismus und Scheitern	90
4.9	Zukunftsideen und Lebensziele	92
4.10	Philosophie der kleinen Schritte	96

5	**Nachwort**	**99**

6	**Anlaufstellen und Internetadressen**	**101**
6.1	Anlaufstellen	102
6.2	Internetadressen	103

Literatur		**105**

Geleitwort

»Aus Leid wird Lied« war der Ansatz meines Musikalbums zum Thema Depression. Die einfache Drehung zweier Buchstaben schafft neuen Sinn. Sprache kann les- und fühlbar machen, was im Verborgenen liegt. Daher berührt mich dieses Buch auf vielen Ebenen: als Betroffene einer rezidivierenden Depression, die immer wieder nach therapeutischen Möglichkeiten im beständigen Kampf gegen die Schwermut sucht, als Musikerin, die mit professioneller Hilfe und Songtexten aus einer depressiven Episode herausgefunden hat, und als Botschafterin der Deutschen Depressionsliga, die sich wünscht, dass auch neben den bewährten Therapiemethoden kreative Ansätze den Genesungsprozess begleiten.

Ich selbst durfte und darf immer wieder erfahren, wie mich das Schreiben zu neuen, verborgenen oder verschütteten Erkenntnissen führt, aus denen sich für mich persönliche Therapieansätze oder helfende Ziele auf dem Weg aus der Depression ergeben. Mehr noch ist und war das Schreiben für mich immer ein Beleg dafür, dass ich noch da bin. Etwas von mir und über mich auf Papier zu lesen, ist ein Aufbruch oder Versöhnungsansatz mit den Dämonen der Vergangenheit.

Yoko Ono hat für mich einmal sehr treffend formuliert »Art is a way of survival.« – Kunst ist ein Überlebensweg. Für mich ist auch das Schreiben ein solcher Überlebensweg, auch ohne jeden künstlerischen Anspruch. Mit den richtigen Fragestellungen kann aus dem Überlebensweg ein Lebensweg werden, der neue Perspektiven aufzeigt. Dieses Buch lädt beständig dazu ein. Das ist sicher nicht immer leicht, aber zu jeder Zeit ein Schritt in die richtige Richtung hin zu mehr Selbsterkenntnis und damit ein wertvoller Begleiter für Betroffene und Helfende, die nach anregenden Fragen in diesem Prozess suchen.

Geleitwort

«Wer schreibt, der bleibt», heißt es in einem alten Sprichwort. In einer Erkrankung, die es leider schafft, die eigene Existenz in Frage zu stellen, können das Schreiben und die Erkenntnisse aus dem Geschriebenen Anker und Aufbruch im Leben sein. Ich wünsche Ihnen und diesem Buch, dass das gelingt.

Marie-Luise Gunst
Musikerin, Betroffene und Botschafterin der Deutschen Depressionsliga

Vorwort

Herzlich Willkommen zum therapeutischen Schreiben. Wenn Sie sich dieses Buch[1] gekauft haben, weil Sie unter Depressionen leiden, wissen Sie darüber vermutlich bereits einiges. Sie werden sich ausführlich informiert und mancherlei dazu gelesen haben. Und sicher werden Sie bereits allerhand versucht haben, um einen guten Umgang mit Ihrer Krankheit zu finden, wobei Sie wahrscheinlich Fort- und Rückschritte gemacht haben und hoffnungsvoll bzw. hoffnungslos gewesen sein werden. Aber das Wichtigste: Sie haben nicht aufgegeben. Sie haben weitergemacht und nach Lösungen gesucht. Das heißt, Sie haben den Mut und Willen, sich für sich selbst einzusetzen und Neues auszuprobieren.

In jedem Fall scheinen Sie motiviert, aktiv zu Ihrer Gesundheit beizutragen. Und dafür haben Sie meinen vollen Respekt. Denn auch wenn ich keine ausgewiesene Expertin auf dem Gebiet der Depressionen bin, glaube ich doch zu ahnen, wie schwer es ist, das Leben und seine Hürden immer wieder aufs Neue anzugehen und weiterzumachen, obwohl man sich erschöpft und müde fühlt. Wie schwer es ist, Sinn und Freude im Leben zu finden, wenn sich zeitweise alles nur noch leer und hohl anfühlt. Und wie viel positive Energie es braucht, darauf zu vertrauen, dass es besser wird, wenn es schon so lange schlecht ist.

---

1 Die Schreibweise folgt in weiten Teilen dem generischen Maskulinum, ohne dass dies einem bestimmten Geschlecht den Vorzug geben soll. Es sind immer alle Geschlechter mitgemeint.

Vorwort

An dieser Stelle habe ich gleich zwei gute Nachrichten für Sie:

1. Sie verfügen bereits über alle Fähigkeiten und Ressourcen, die Sie brauchen, um trotz Ihrer Krankheit ein sinnvolles und erfülltes Leben zu führen.
2. Das Schreiben kann Ihnen helfen, diese Fähigkeiten und Ressourcen zu aktivieren und Ihr volles Potential zu entfalten.

Jetzt fragen Sie sich sicher, woher ich das wissen will und finden es vielleicht sogar anmaßend, so etwas zu behaupten. Aber ich bin mir ziemlich sicher, dass es so ist, weil ich es in zahlreichen Fällen erlebt habe. Ich weiß, dass es Ihre Fähigkeiten und Stärken sind, die es Ihnen ermöglicht haben, weiterzumachen und durchzuhalten. Auch glaube ich, dass Sie dieses Buch nicht in den Händen halten würden, gäbe es Ihre Ressourcen nicht. Denn Sie haben es nicht nur geschafft, Ihr Leben trotz Krankheit zu führen, sondern sind zugleich aktiv auf der Suche danach, was Sie tun können, um es lebenswerter zu gestalten. Und das ist sehr stark und dafür möchte ich Ihnen meine Hochachtung ausdrücken. Dass das Schreiben Sie auf Ihrem Weg unterstützen kann, habe ich wiederum in verschiedenen Seminaren und Therapiestunden erlebt. Außerdem werden diese persönlichen Erfahrungen durch zahlreiche Studien gestützt, von denen ich Ihnen einige in diesem Buch vorstellen werde.

Zugleich möchte ich nicht verheimlichen, dass der Weg Ihnen mitunter vielleicht lang und steinig vorkommen wird. Wie bei einer Wanderung in den Bergen werden Sie zwischendurch unter Umständen den Wunsch verspüren, stehenzubleiben oder umzukehren. Aber ich kann Ihnen versprechen, dass der Weg sich lohnen wird, wie sich auch eine Bergwanderung lohnen kann, so mühevoll sie zuweilen sein mag. Denn Sie werden auf dem Weg viel über sich erfahren und neue Ideen und Perspektiven gewinnen. Sie werden Blumen und Schmetterlinge sehen und Augenblicke der Freude empfinden. Außerdem werden Sie sich Ihres Lebens und Umfeldes zunehmend bewusster. Sie werden wieder besser spüren, was Sie selbst brauchen und wünschen und was Ihnen Energie gibt respektive raubt.

Natürlich ersetzt dieses Buch keine ärztliche Behandlung oder Psychotherapie. Aber das ist auch nicht sein Anliegen. Dieses Buch möchte Ihnen lediglich eine zusätzliche Möglichkeit bieten, jenseits der wohlbekannten Therapien aktiv etwas für sich und Ihre Gesundheit zu tun. Es will Ihnen einen Raum eröffnen, in dem Sie sich in aller Ruhe erkunden können. Und es will Ihnen die Augen dafür öffnen, dass Sie mehr sind als Ihre Krankheit, nämlich ein Mensch mit Bedürfnissen und Träumen, Wünschen und Sehnsüchten, ein Individuum mit Vergangenheit, Gegenwart und Zukunft, eine Persönlichkeit mit besonderen Fähigkeiten und Facetten.

Damit Sie das möglichst schnell spüren können, ist das Buch so aufgebaut, dass Sie von Anfang an Schreibübungen erwarten, auch schon in den Anfangskapiteln, selbst wenn diese zunächst etwas theoretischer ausgerichtet sind als der Praxisteil. Doch bereits bei den Fragen, was eine Depression ist, wie man sie behandelt und wie man damit einen guten Umgang findet, geht es um Sie und Ihre Vorstellungen sowie Sichtweisen. Es geht um Ihre Gedanken und Ideen sowie darum, was Sie sich von Ihrem Leben erwarten und erhoffen, darum, wie Sie und andere mit Ihrer Krankheit und den Umständen umgehen und welchen Umgang Sie sich wünschen.

Die Übungen führen selbstverständlich nicht immer gleich zu Lösungen. Denn wenn es so einfach wäre, hätten Sie diese Lösungen schließlich längst selbst gefunden. Doch auch wenn die Übungen keine schnellen Antworten bereithalten, tragen sie doch zu einem höheren Grad an Bewusstheit und Achtsamkeit bei, der wiederum dazu führt, dass Sie sich immer besser kennenlernen, um auf diese Weise eine gute Einschätzung zu erhalten und wieder handlungsfähiger zu werden.

Bevor wir loslegen, möchte ich Sie um einen Gefallen bitten: Achten Sie gut auf sich und Ihre Bedürfnisse. Machen Sie vor allem die Übungen, die Ihnen Freude bereiten oder die Sie spontan ansprechen sowie jene, die Sie für sinnvoll halten, auch wenn sie zunächst unter Umständen schmerzliche Gefühle hervorrufen. Gehen Sie in Ihrem eigenen Tempo vor und behandeln Sie sich beim Schreiben wie einen guten Freund oder eine gute Freundin. Schenken Sie sich das Vertrauen und die Geduld, die es braucht, neue Wege zu erkunden und zu gehen.

Haben Sie nicht den Anspruch, alle Übungen machen zu müssen, sondern wählen Sie aus. Es geht nicht darum, das Buch durch- und abzuarbeiten, sondern darum, dass Sie Impulse und Denkanstöße bekommen, die Sie für sich nutzen können.

Ich jedenfalls finde es bewundernswert, was Sie bereits alles geschafft haben und dass Sie sich jetzt auf den Weg des Schreibens begeben. Schließlich habe ich das Buch aus einem einzigen Grund geschrieben: Weil ich an Sie glaube und darauf vertraue, dass Sie schreibend Ihren ganz eigenen Weg finden werden. Dafür wünsche ich Ihnen Mut, Energie und Geduld.

Ihre Silke Heimes

1

Therapeutisches Schreiben

Da es in diesem Buch um Sie und Ihr Schreiben geht, wollen wir genau damit starten. Sicher haben Sie Ihre ganz eigenen Ideen und Vorstellungen, was das therapeutische Schreiben ist und um was es dabei geht. Unter Umständen haben Sie bereits etwas darüber gelesen oder gehört oder es sogar schon selbst ausprobiert bzw. ein entsprechendes Seminar besucht. Vielleicht haben Sie auch schon einmal versucht, jemandem zu erklären, um was es beim therapeutischen Schreiben geht. Genau das, Ihre Ideen und Gedanken dazu, dürfen Sie jetzt, in der allerersten Übung des Buches, zu Papier bringen.

1 Therapeutisches Schreiben

Was stellen Sie sich unter therapeutischem Schreiben vor? Um was geht es? Was unterscheidet es vom kreativen Schreiben? Was soll dabei herauskommen? Soll überhaupt etwas herauskommen? Schreiben Sie einfach los, es gibt kein richtig oder falsch. Ihre Ideen und Gedanken sind genauso wichtig wie bereits existierende Definitionen. Der Autor André Breton hat einmal geschrieben, dass in jedem Augenblick zahlreiche Gedanken und Gefühle in uns sind und nur darauf warten, aufs Papier gebracht zu werden. Werden Sie also zum Protokollanten Ihrer Gedanken und Gefühle.

Nachdem Sie Ihre Ideen festgehalten haben, möchte ich meine mit Ihnen teilen. Bei meinem ersten Versuch, in Worte zu fassen, um was es beim therapeutischen Schreiben geht, kam folgendes heraus: *»Unter therapeutischem Schreiben kann jedes Verfahren verstanden werden, das durch Schreiben den subjektiven Zustand eines Individuums zu bessern versucht.«*

Zur Erläuterung hatte ich hinzugefügt: *»Der Ausdruck der Poesietherapie, von dem der Begriff des therapeutischen Schreibens abgeleitet wurde, ist dem amerikanischen Begriff ›poetry therapy‹ entlehnt. Die Poesietherapie ist keiner klassischen Psychotherapieschule verpflichtet, sondern zählt zu den expressiven und kreativen Therapien, die über Förderung der schöpferischen Potentiale, der Wahrnehmungs- und Erlebnisfähigkeit und der Einsicht in lebensgeschichtliche Konflikte zur Heilung und Entwicklung beitragen. Sie nimmt unter den kreativen Therapien eine besondere Stellung ein, weil sie mittels Sprache auf eines der ältesten therapeutischen Medien zurückgreift«* (Heimes, 2008).

Mein zweiter Definitionsversuch lautete: *»Unter Poesietherapie kann jedes therapeutische und (selbst-)analytische Verfahren verstanden werden, das durch Schreiben und Lesen den subjektiven Zustand eines Individuums zu bessern sucht und (auto-)biographisches, expressives, intuitives, kreatives, therapeutisches, imaginatives, analoges, assoziatives* *und automatisches Schreiben ebenso umfasst wie die aktive Textrezeption und -verarbeitung«* (Heimes, 2012).

Auch Organisationen unternehmen Definitionsversuche wie etwa die »National Association for Poetry Therapy«: »*Poetry therapy is the use of language, symbol, and story in therapeutic, educational, growth, and community-building capacities. It relies upon the use of poems, stories, song lyrics, imagery, and metaphor to facilitate personal growth, healing, and greater self-awareness. Bibliotherapy, narrative, journal writing, metaphor, storytelling, and ritual are all within the realm of poetry therapy*« (National Association for Poetry Therapy, 2022).

Übersetzt könnte das lauten: »*Poesietherapie umfasst die Verwendung von Sprache, Symbol und Story in therapeutischen, pädagogischen, wachstumsfördernden und gemeinschaftsbildenden Bereichen. Dabei stützt sie sich auf Gedichte, Geschichten, Liedtexte, Bilder und Metaphern, um persönliches Wachstum, Heilung und Selbsterkenntnis zu fördern. Bibliotherapie, Erzählung, Tagebuchschreiben, Metaphern, Geschichtenerzählen und Rituale gehören alle zum Gebiet der Poesietherapie.*«

Anhand dieser Definitionsversuche sehen Sie, dass wir alle nur um Worte ringen und unser Bestes geben, um Dinge so in Sprache zu kleiden, dass möglichst viele Menschen etwas damit anfangen können.

1.1 Für wen eignet sich das therapeutische Schreiben?

Zurück zu Ihnen und zwei Fragen, die sich stellen:

1. Für wen eignet sich das therapeutische Schreiben?
2. Wer profitiert davon?

Meiner Meinung nach steht das therapeutische Schreiben jedem offen, der aus Buchstaben Worte bilden kann, die Grundregeln des

Satzbaus beherrscht und fähig ist, etwas zu notieren. Sie benötigen also weder spezielle literarische Fähigkeiten noch Grammatikkenntnisse, um vom therapeutischen Schreiben zu profitieren. Vielmehr ist in jedem Menschen ein sprachliches Ausdrucksvermögen vorhanden, das es ermöglicht, Gedanken und Gefühle in Worten auszudrücken und aufzuschreiben. Dabei geht es beim therapeutischen Schreiben nicht darum, Schreiben zu lernen, sondern vielmehr darum, das zu verlernen, was Sie bisher über das Schreiben gelernt haben. Denn sowohl in der Schule als auch in den meisten Arbeitskontexten geht es in erster Linie darum, bestimmte Erwartungen zu erfüllen und auf eine Weise zu schreiben, die funktional und orthographisch korrekt ist. Solche formalen und inhaltlichen Erwartungen spielen im therapeutischen Schreiben keine Rolle. Im therapeutischen Schreiben geht es nicht darum, irgendwelche Erwartungen zu erfüllen oder etwas gut und richtig zu machen, sondern einzig darum, einen sprachlichen Ausdruck für Gedanken und Gefühle zu finden. Sie dürfen und sollen so schreiben, wie es Ihnen im Augenblick des Schreibens in den Sinn kommt.

> Selbstverständlich ist es unsinnig, sich zum therapeutischen Schreiben zu zwingen, wenn man keinen Bezug zur Sprache oder zum Schreiben hat. Dann ist ein anderes Ausdrucksmittel wie Tanzen, Malen oder Musik vielleicht sinnvoller. Aber wenn Sie gerne Schreiben und eine Affinität zur Sprache und zu Texten haben, werden Sie im therapeutischen Schreiben einige hilfreiche Ansätze finden.

Was hat Sie zum Schreiben gebracht? Seit wann schreiben Sie und welche Erfahrungen haben Sie damit gemacht? Sie können das Ganze gerne unter dem Arbeitstitel »Meine Schreibbiographie« verfassen.

1.2 Psychische Wirkungen des Schreibens

Der Versuch einer Annäherung an psychische Vorgänge und die Wirkungen des therapeutischen Schreibens kann immer nur exemplarisch erfolgen. Bei jedem Menschen laufen ganz individuelle Prozesse ab, die sich in ihrer Komplexität weder ausreichend erfassen noch beschreiben lassen. Dennoch möchte ich an dieser Stelle ein paar der positiven Wirkungen des therapeutischen Schreibens aufführen, die sich in verschiedenen Kontexten immer wieder gezeigt haben.

Schreiben vermag Einsichten in Lebenszusammenhänge und die Bedingtheit unseres Schicksals zu geben und zur Bewältigung von Lebensproblemen und Krisen beizutragen. Schreiben ist eine Entdeckungsreise zu sich selbst und kann als achtsame Annäherung an die eigene Person sowie die Umwelt verstanden werden. Es öffnet einen Raum, in dem man ganz man selbst sein und sich in allen Bereichen und Belangen erforschen kann, in dem man sowohl seine Ängste und Sorgen als auch seine Sehnsüchte und Wünsche benennen kann.

Die durch das Schreiben geförderte Kooperation der linken mit der rechten Hirnhälfte hilft, die Kapazität des Gehirns zu verbessern.

Durch das therapeutische Schreiben wird der linken Gehirnhälfte, die eher für strukturelles und logisches Denken zuständig ist, ein Zugang zu den Fähigkeiten der rechten Hirnhälfte gewährt, die für Bilder besonders empfänglich bzw. für deren Verarbeitung zuständig ist.

Obwohl diese Darstellung etwas vereinfacht ist, steht fest, dass sich durch die zunehmende Vernetzung der einzelnen Hirnareale die Möglichkeit bietet, in einen rhythmischen Fluss der Sprache zu finden und diesen kreativ zu nutzen. Dadurch gelingt es besser und einfacher, Probleme zu lösen.

Um das Schreiben für Sie hilfreich werden zu lassen, ist es wichtig, darauf zu achten, dass es eine leistungsfreie Zone bleibt. Ein Bereich, in dem Sie sich selbst erforschen können, ohne einer Bewertung unterworfen zu sein, weder durch sich selbst noch durch andere. Das Papier sollte für Sie ein geschützter und privater Raum sein, zu dem zunächst nur Sie Zugang haben und bei dem Sie entscheiden, wem Sie zu welchem Zeitpunkt wie viel Einblick gewähren wollen.

Ein weiterer Vorteil des Schreibens ist, dass es dabei zur Verlangsamung kommt, zum Innehalten, was Ihnen die Chance zur Selbstbesinnung gibt. Schreibend können Sie Ihre Gedanken und Gefühle sortieren und ordnen und gewinnen einen Überblick, über das, was bei Ihnen gerade ansteht und wichtig ist. Das kann Ihnen sowohl bei bevorstehenden Entscheidungen helfen als auch dabei, etwas zu verarbeiten, das Sie emotional belastet.

Sowohl beim Schreiben als auch Lesen Ihrer Texte wird sich Ihr Verhältnis zu den Ereignissen und Fragen, die sie beschäftigen, verändern. Sie werden eine distanziertere Haltung einnehmen und die Dinge aus einer Art Vogelperspektive betrachten, was vieles klarer und deutlicher zutage treten lässt. Auf dem Papier können Sie versuchsweise denken und handeln, so dass Sie verschiedene Szenarien durchspielen können, bevor Sie diese in der Realität erproben. Auf diese Weise kann das Schreiben als Reise an Orte verführerischer und aufständischer Wünsche verstanden werden. Als ein Ausflug, auf den Sie sich neugierig und mutig einlassen, um Grenzen zu erfahren und diese vielleicht sogar zu überschreiten.

Nun sind Sie aufgefordert, dieses Kapitel um Ihre eigenen Erfahrungen zu bereichern. Welche Wirkungen hat das Schreiben auf Sie? Wo hat das Schreiben Sie bisher hingeführt? Welche Absätze würden Sie diesem Kapitel gerne hinzufügen?

Was von dem, was Sie schreibend durchgespielt haben, möchten Sie in der Realität gerne einmal ausprobieren? Sollte es aus Ihrer bisherigen Schreibpraxis nichts geben, notieren Sie jetzt etwas, das Sie machen möchten und versuchen Sie, die Erfahrung auf dem Papier vorwegzunehmen, indem Sie sich die Situation so gut wie möglich vorstellen.

1.3 Studien zur Wirkweise

Ich werde Ihnen in diesem Kapitel sowohl ein paar Studien präsentieren, die sich direkt auf Depressionen beziehen, als auch solche, die Faktoren untersuchen, die einen Einfluss auf die Krankheit und ihren Verlauf haben. Möglicherweise werden Sie selbst schon festgestellt haben, dass die Regulation Ihrer Emotionen oder das Sprechen bzw. Schreiben über belastende Erlebnisse, auch als Selbstoffenbarung bezeichnet, Einfluss darauf haben, wie Sie sich fühlen, so dass Sie nachvollziehen können, um was es in den Studien geht. Oder aber Sie lassen das neue Wissen einfach auf sich wirken und überzeugen sich in den folgenden Schreibübungen selbst davon, was bei Ihnen funktioniert und was nicht.

1 Therapeutisches Schreiben

> Auch hier sei noch einmal angemerkt, dass Sie nicht alle Übungen machen müssen, um optimal von dem Buch zu profitieren. Sie dürfen den Text auch einfach durchlesen und auf sich wirken lassen und zu einem späteren Zeitpunkt zu den Übungen zurückkehren. Wenn Sie mögen, können Sie sich Übungen, die Sie ansprechen oder interessieren, mit einem Sternchen oder Ähnlichem markieren, so dass Sie diese später schnell wiederfinden.

Studien zur Depression

Obwohl zahlreiche Untersuchungen gezeigt haben, dass Schreiben bei der Verarbeitung belastender Erlebnisse negative Gefühle vermindert (Kallay & Kollegen, 2008; Hunt & Kollegen, 2007) und depressive Symptome im Rahmen einer Posttraumatischen Belastungsstörung reduziert (Chen & Contrada, 2009; Resick & Kollegen, 2008; Koopman & Kollegen, 2005, Schoutrop & Kollegen, 2002), gibt es bisher nur wenige Studien, die die Wirkungen des Schreibens bei Depressionen direkt untersuchen.

In einer Untersuchung konnten Forscher allerdings zeigen, dass sich depressive Verstimmungen bei Studierenden durch das Schreiben vermindern (Gortner & Kollegen, 2006.) Dies konnte in einer späteren Untersuchung bestätigt werden. Auch da kam es bis zu zwei Monate nach dem Schreiben zu einer Verminderung depressiver Symptome. Ein Effekt, der sich nach sechs Monaten allerdings wieder verlor, aber auch, weil die Studierenden nicht weiter schrieben (Sloan & Kollegen, 2009).

In einer anderen Studie verminderten sich durch das Schreiben die depressiven Symptome bei Jugendlichen, die bereits ein erhöhtes Risiko für die Entwicklung einer Depression hatten (Stice & Kollegen, 2007). Eine weitere Studie zeigte, dass sich sowohl Menschen mit depressiver Erkrankung als auch solche mit einem Erschöpfungssyndrom (Burnout) unmittelbar nach dem Schreiben wohler fühlten und reflektierter waren, was sie in die Lage versetzte, aktiv nach Lösungen zu suchen (Heimes & Kollegen, 2008).

Studien zur Emotionsregulation

Der Umgang mit unseren Gefühlen hat entscheidenden Einfluss darauf, wie wir Ereignisse erleben und verarbeiten. Doch um Einfluss auf unsere Gefühle zu nehmen, müssen wir sie in einem ersten Schritt zunächst einmal wahrnehmen.

> Emotionen aktiv zu erleben und zu beeinflussen, statt sie als Folge von Aktionen anderer Personen zu empfinden, denen man passiv ausgeliefert ist, wird als Emotionsregulationsfähigkeit bezeichnet (Koole, 2009; Lammers, 2008).

Durch das Schreiben, dem ein genaues Wahrnehmen und Benennen vorausgeht, eröffnet sich die Möglichkeit, unsere Emotionen genau zu erkunden und Reaktion sowie Verhaltensmuster zu erkennen und diese in einem zweiten Schritt so anzupassen, dass sie uns nicht mehr schaden, sondern guttun.

Indem Sie Ereignisse und Erfahrungen schriftlich festhalten und auf diese Weise gedanklich sowie emotional noch einmal durchspielen, lernen Sie Ihre eigenen Verhaltensweisen und Reaktionsmuster immer besser kennen, was ein Schlüssel dafür sein kann, dass Sie Ihre Gefühle sowie Ihr Verhalten in der Zukunft besser steuern können. Gerade auch dann, wenn Sie erkennen, dass einige Ihrer Gefühle und die daraus resultierenden Reaktionen womöglich aus der Vergangenheit stammen und aktuell vielleicht gar nicht mehr passend bzw. angemessen sind und Sie sich möglicherweise auf die Suche nach neuen Verhaltensmustern und Lösungsansätzen begeben müssen.

Eine deutsche Wissenschaftlerin untersuchte den Einfluss des Schreibens auf die Fähigkeit von Jugendlichen, ihre Gefühle zu regulieren (Horn & Kollegen, 2011; Horn, 2004). In mehreren Studien konnte sie nachweisen, dass Schüler, die an einem Schreibprogramm teilnahmen, ihre Gefühle besser regulieren und kontrollieren konnten und ein geringeres Risiko für die Entwicklung einer Depression hatten als Jugendliche, die nicht schrieben. Auch andere Forscher konnten zeigen, dass das Schreiben zur Emotionsregulation beiträgt und zu einer Abnahme depressiver Stimmungen und Beschwerden führt (Sloan & Epstein, 2005).

Wie gut kommen Sie mit aufwühlenden Gefühlen zurecht? Wie bringen Sie diese zum Ausdruck? Wenn Sie mögen, beschreiben Sie ein Ereignis aus der näheren Vergangenheit. Schreiben Sie den Text in der dritten Person, wie eine kleine Filmszene, die jemand anderes erlebt hat. Lesen Sie sich den Text nach einigen Tagen wieder durch und notieren Sie, was sich durch das Schreiben und Lesen sowie den zeitlichen Abstand an Ihren Gefühlen in Bezug auf das Ereignis verändert hat.

Beobachten Sie eine Zeitlang schriftlich, wie Sie sich in emotional aufgeladenen Situationen verhalten. Notieren Sie zunächst nur, was Sie wahrnehmen, ohne es zu bewerten oder verändern zu wollen. Legen Sie die auf diese Weise entstandenen Texte beiseite und sehen sie sich ein paar Tage später wieder an. Fragen Sie sich, ob Sie Muster erkennen. Dann überlegen Sie sich, welche Muster Sie beibehalten und welche Sie verändern wollen.

Sehen Sie einen Zusammenhang zwischen Ihren depressiven Beschwerden und Ihrer Fähigkeit, Ihre Emotionen zu regulieren? Notieren Sie alles, was Ihnen dazu einfällt und wiederholen Sie die Übung in regelmäßigen Abständen, um zu sehen, ob sich etwas verändert.

Studien zur Selbstoffenbarung

Es ist bekannt, dass ein bewusstes Zurückhalten von Gedanken und Gefühlen Stress verursacht, der durch immunologische Prozesse zum Ausbruch psychischer und psychosomatischer Krankheiten beitragen kann (Kirschbaum & Hellhammer, 1999; Finkenauer

& Rimé, 1998). Daher leuchtet es ein, dass umgekehrt eine Selbstoffenbarung, bei der wir nun unsere Gedanken und Gefühle frei zum Ausdruck bringen, den durch deren vorherige Hemmung entstandenen Stress und dessen Auswirkungen auf den Körper und die Psyche zu reduzieren vermag. Dies konnte in einer Studie nachgewiesen werden, in der das Schreiben über ein belastendes Ereignis zu einer Verminderung depressiver Symptome und körperlicher Beschwerden führte (Radcliffe & Kollegen, 2010).

Andere Forscher konnten ähnliche Effekte nachweisen. So ließen etwa amerikanische Wissenschaftler Studierende der Psychologie entweder über ein belastendes Erlebnis oder ein neutrales Thema schreiben. Studierende, die im Schreiben schwierige Gedanken und Gefühle losgeworden waren, suchten in der Zeit nach dem Experiment seltener einen Arzt auf als Studierende, die über ein neutrales Thema schrieben (Pennebaker & Beall, 1986). Und eine ca. 150 Studien umfassende Metaanalyse zeigte ebenfalls, dass das Schreiben über ein belastendes Ereignis zahlreiche positive Effekte sowohl für die Psyche als auch den Körper hat (Frattaroli, 2006).

Schreiben Sie über ein belastendes Erlebnis, das Ihnen jetzt gerade in den Sinn kommt. Kümmern Sie sich nicht darum, ob Sie das richtige Ereignis auswählen. Sie können die Übung jederzeit mit anderen Ereignissen wiederholen. Notieren Sie alle Gedanken und Gefühle, die sich einstellen, ungeachtet dessen, ob Sie das Erlebnis vollständig oder nur in Bruchstücken erinnern. Schreiben Sie so lange, wie Ihre Erinnerungen fließen, und spüren dann in sich hinein, wie es Ihnen geht.

Studien zur Verarbeitung belastender Erlebnisse

Ob und wie wir kritische Lebensereignisse verarbeiten und ob wir trotz belastender Erlebnisse gesund bleiben, hängt maßgeblich von unseren persönlichen Eigenschaften sowie unseren Bewältigungsstrategien und Ressourcen ab (DeGraaf & Kollegen, 2002). Entscheidend sind dabei sowohl die gedankliche Herangehensweise an Probleme als auch der Umgang mit negativen Gefühlen und Gedanken. Für diesen Umgang gibt es grundlegende Modi. Zum einen können wir versuchen, unangenehme Gefühle und Gedanken zu unterdrücken oder wir können versuchen, sie anzusehen und durch Neubewertung so zu gestalten, dass sie in unser Welt- und Selbstbild passen.

Im ersten Modus hoffen wir, dass sich die Intensität der negativen Gedanken und Gefühle irgendwann abschwächt, wenn wir sie nur lange genug ignorieren, während der zweite Modus dazu angetan ist, Erlebnisse so zu interpretieren, dass die damit verbundenen Gedanken und Gefühle erträglich werden (Lepore & Greenberg, 2002).

Während die Hemmung unerwünschter Gedanken und Gefühle in der ersten Phase eines traumatischen Erlebnisses sinnvoll sein kann und dem Selbstschutz dient, kann ein solches Verhalten auf lange Sicht zu körperlichen und psychischen Beschwerden führen, wie wir das im vorherigen Abschnitt bereits gesehen haben. In psychologischen Tests hat sich gezeigt, dass psychisch Erkrankte vermehrt dazu neigen, unangenehme Gedanken und Gefühle zu unterdrücken (Wenzlaff & Wegner, 2000).

Obwohl es zunächst verlockend klingt, schwierige Emotionen zu verdrängen, kostet die dauerhafte Gedanken- und Gefühlshemmung eine Menge Energie und benötigt viel von der Kapazität unseres Gehirns. Kommt es dann zu zusätzlichem gedanklichem oder emotionalem Stress, geraten wir schnell an unsere Kapazitätsgrenzen, was zu einer negativen und depressiven Stimmung beitragen kann (Wenzlaff & Luxton, 2003).

> Auf lange Sicht scheint es also sinnvoller, negative Gedanken und Gefühle nicht zu unterdrücken, sondern die Verarbeitung belastender Erlebnisse so zu unterstützen, dass das Erlebte integriert werden kann (Samoilov & Goldfried, 2000).

1.3 Studien zur Wirkweise

Zu den schwer zu verarbeitenden Lebensereignissen zählen neben Verlusten und traumatischen Erlebnissen auch chronische Krankheiten, sowohl physische als auch psychische. Zumal diese oft mit Einschränkungen einhergehen und mitunter zu einer existentiellen Verunsicherung führen können, so dass das gewohnte Leben umgestellt und neu organisiert werden muss. Da kann es hilfreich sein, die mit diesen Ereignissen oder Krankheiten verbundenen Gedanken und Gefühle auf dem Papier zum Ausdruck zu bringen, um eine Neubewertung, inklusive neuer Zukunftsperspektiven, zu ermöglichen.

Welche Ereignisse in Ihrem Leben machen Ihnen noch immer zu schaffen? Fertigen Sie eine Liste an. Entscheidend ist nicht, ob die Ereignisse groß oder klein waren, sondern wie relevant diese für Sie waren und vielleicht noch immer sind. Dann nehmen Sie sich jedes Ereignis einzeln vor. Schreiben Sie es auf eine neue Seite und notieren Sie alles, was Ihnen dazu einfällt. Lassen Sie sich Zeit. Sie können diese Schreibübung über Wochen und Monate hinweg durchführen. Zwischendurch können Sie natürlich immer auch zu bereits beschriebenen Erlebnissen zurückkehren und testen, ob sich emotional etwas verändert hat, wenn Sie Ihre eigenen Texte mit zeitlicher Distanz wieder lesen.

Im Abschnitt zuvor war von traumatischen Erlebnissen und schweren Krankheiten die Rede, aber auch weniger dramatische Umstände, die eine Anpassungsleistung erfordern, wie etwa die Aufnahme eines Studiums, die Trennung von Familie und Freunden oder andere Einschnitte in unser gewohntes Leben, können mit Stress einhergehen und zu belastenden Erlebnissen werden, die in der Folge verarbeitet werden wollen. So hat sich zum Beispiel gezeigt, dass bei Studienanfängern weniger depressive Verstimmungen auftreten, wenn sie zu Beginn ihres Studiums die

Chance erhalten, über Belastendes zu schreiben (Kallay & Kollegen, 2008; Lepore, 1997).

Notieren Sie, welche Veränderungen in Ihrem Leben zu Stress geführt haben. Fertigen Sie auch hier zunächst eine Liste an und nehmen Sie dann für jeden Anlass einen eigenen Zettel. Erkunden Sie, was Sie in der entsprechenden Situation gefühlt und gedacht haben und wie es Ihnen jetzt damit geht.

Studien zur Kognitionsförderung und Neubewertung

Kognitionen umfassen Prozesse des Wahrnehmens, Erkennens und Begreifens sowie Einstellungen, Gedanken, Bewertungen und Überzeugungen. Wie bereits angemerkt, bilden die Wahrnehmung und das Erkennen sowie die Einordnung und Strukturierung von Gedanken und Gefühlen und das zum Ausdruckbringen selbiger wichtige Grundlagen für einen konstruktiven Umgang mit Emotionen und Gedanken.

Wie wir denken, beeinflusst maßgeblich, wie wir uns fühlen und verhalten. Manche Therapeuten verstehen psychische Störungen sogar in erster Linie als Folge ungünstiger Denkmuster, die es deswegen zu identifizieren und durch günstigere zu ersetzen gilt (Ellis, 1993, 1973).

Im Zusammenhang mit Depressionen ist dabei oftmals die Rede von der »kognitiven Triade«, die Teil des kognitiven Erklärungsmodells nach Beck ist. Darunter versteht man, dass bei an Depressionen erkrankten Menschen ein negatives Selbstbild, eine negative Sicht auf die Welt und negative Zukunftserwartungen dazu führen, dass eine Depression ausgelöst bzw. aufrechterhalten wird (Beck, 1999).

Studien haben gezeigt, dass es bei einer Depression vorkommen kann, dass Personen sehr stark auf sich selbst fokussiert sind und die Fähigkeit zur Distanzierung oder zum Perspektivwechsel eingeschränkt ist (Fast & Funder, 2010, Smith & Greenberg 1981; Bucci & Freedman 1981). Aus der Studie von Fast und Funder ging hervor, dass depressive Menschen deutlich mehr selbstbezogene Worte verwenden als Gesunde, wenn sie über ihre Gefühle und Gedanken sprechen oder schreiben. Eine Reihe weiterer Studien legt nahe, dass traurige Stimmungen bei Menschen, die bereits einmal eine depressive Episode hatten, den Weg für neue negative Gedankenspiralen ebnen. Das kann dazu führen, dass soziale Kontakte reduziert werden, was eine Depression wiederum begünstigt. Je stärker das selbstfokussierte Denken ist, umso weniger Kapazität bleibt, um die Wahrnehmung und Aufmerksamkeit nach außen zu richten, sozial aktiv zu werden und ein Netzwerk aufzubauen (Heimes, 2012).

Im umgekehrten Fall, wenn man in der Lage ist, belastende Erlebnisse aus unterschiedlichen Blickwinkeln zu sehen und zu beschreiben, verringert sich der psychische Stress und es geht uns besser (Rude & Kollegen, 2004; Campbell & Pennebaker, 2003).

> In schwierigen Situationen kann es also hilfreich sein, eine andere Perspektive einzunehmen.

Geraten wir zum Beispiel in einen Streit, kann es sinnvoll sein, sich diesen einmal aus der Sicht des Gegenübers vorzustellen. Das ermöglicht uns, Distanz zu unseren eigenen Gefühlen herzustellen, schafft Verständnis für den anderen und kann seelische und körperliche Verkrampfungen lösen.

1 Therapeutisches Schreiben

Beschreiben Sie eine schwierige Situation aus den letzten Tagen. Was würden Sie heute anders machen, wenn Sie in eine ähnliche Situation kämen?

Erinnern Sie sich an einen Streit, den Sie kürzlich hatten, und beschreiben Sie ihn aus der Perspektive Ihres Gegenübers. Versuchen Sie so gut es geht, sich in die Wahrnehmung Ihres Gegenübers zu versetzen und dessen Gründe für seine Handlung zu verstehen. Wie geht es Ihnen nach dem Schreiben?

Dies ist eine zweigeteilte Übung. Schreiben Sie zunächst über ein belastendes Erlebnis. Legen Sie den Text beiseite und nehmen Sie ein neues Blatt und listen Sie ungeordnet positive Worte auf. Dann schreiben Sie einen neuen Text über das zuvor beschriebene Erlebnis und bauen Sie ein paar der positiven Worte Ihrer Liste in die Geschichte ein. Wie fühlen Sie sich nach dem Schreiben?

Wenn das therapeutische Schreiben Sie aus wissenschaftlicher Sicht interessiert, können Sie gerne einen Blick in das Buch *Warum schreiben hilft. Die Wirksamkeitsnachweise zur Poesietherapie* (Heimes, 2012) werfen, in dem zahlreiche Studien zu den vielfältigen Wirkungen des therapeutischen Schreibens aufgeführt sind. Dies ist allerdings keine Voraussetzung dafür, dass Sie optimal von diesem Buch profitieren. Für alle, die am wissenschaftlichen Denken Spaß haben, noch zwei Schreibübungen, die dazu beitragen, dass Sie sich mit Ihrer Krankheit noch einmal aus einem ganz anderen Blickwinkel auseinandersetzen.

Welche Studie würden Sie selbst gerne durchführen? Was interessiert Sie, wenn es um das Thema »Depression« geht?

Wenn Sie einen Fallbericht über sich selbst schreiben müssten, wie würde dieser lauten?

1.4 Der Aspekt der Selbstwirksamkeit

Da der Selbstwirksamkeit im therapeutischen Schreiben wie in allen Formen der Selbsthilfe eine besondere Bedeutung zukommt, möchte ich diesem Aspekt ein eigenes Kapitel widmen. Zunächst ein paar Worte, was man darunter versteht.

> Selbstwirksamkeit bezeichnet das Gefühl, das sich aus dem Vertrauen in die eigenen Fähigkeiten und Ressourcen ergibt und der Annahme, dass man Hindernisse überwinden und etwas erreichen und bewirken kann. Selbst ein Säugling erfährt bereits ein gewisses Gefühl der Selbstwirksamkeit, wenn er bemerkt, dass er Einfluss auf seinen Körper und die Welt hat (Catanzaro & Kollegen, 2000; Bandura, 1997).

Einige Forscher gehen davon aus, dass ein Teil der therapeutischen Wirkung des Schreibens in einer verbesserten Selbstwirksamkeit begründet ist, die darauf beruht, dass die Schreibenden das Gefühl haben, durch ihr Schreiben einen aktiven Beitrag zur Verbesserung ihrer Gesundheit zu leisten, was wiederum ihr Vertrauen in sich selbst stärkt (Langens & Schüler, 2007 und 2005; Brewin & Power, 1999).

1 Therapeutisches Schreiben

Wie jede andere kreative Tätigkeit lebt auch das Schreiben von einer positiven Haltung sich selbst gegenüber. Doch diese wohlwollende Haltung fällt uns mitunter schwer, gerade in Zeiten, in denen wir das Gefühl haben, unser Leben nicht unter Kontrolle zu haben und wenig leistungsfähig zu sein. Im therapeutischen Schreiben sollten wir uns deswegen als erstes von Leistungsgedanken und Funktionsansprüchen verabschieden, die unser Selbstwertgefühl sowie das Selbstwirksamkeitsgefühl verschlechtern. Um einen guten Einstieg ins therapeutische Schreiben zu finden, ist es hilfreich, wenn Sie einige Ihrer Erwartungen fallen lassen, gerade in Hinblick auf den Anspruch, etwas von literarischer Qualität zu produzieren.

Wenn Sie fest daran glauben, dass Ihnen das Schreiben hilft, ein autonomes Selbstwertgefühl zu entwickeln, wird es genau das tun. Denn wenn wir der festen Überzeugung sind, dass uns etwas gelingen wird, erhöht das die Wahrscheinlichkeit, dass es uns auch tatsächlich gelingt. Unsere Selbstwirksamkeitserwartung beruht vor allem auf der Zuschreibung von Erfolg und Misserfolg. Der Psychologe Albert Bandura entwickelte ein Konzept, in dem er vier Quellen für die Selbstwirksamkeitserwartung nennt:

1. Meistern schwieriger Situationen
2. Beobachten von Vorbildern
3. Erfahrung von sozialer Unterstützung
4. Erleben physiologischer Reaktionen (Bandura, 1997)

In Studien konnte gezeigt werden, dass ein Mensch schon dadurch eine positive Stimmung generieren kann, indem er glaubt, dass ein von ihm an den Tag gelegtes Verhalten einen positiven Einfluss auf seine Stimmung haben wird, ganz unabhängig davon, ob das entsprechende Verhalten überhaupt eine Wirkung auf die Stimmungslage hat (Catanzaro & Kollegen, 2000; Catanzaro & Greenwood, 1994).

Schreiben erhöht das Gefühl der Selbstwirksamkeit und setzt einen Selbstregulationsprozess in Gang (Greenberg & Kollegen,

1996). Eine Studie, die den Effekt des Schreibens auf das Selbstwirksamkeitsgefühl von Jugendlichen untersuchte, die häuslicher Gewalt ausgesetzt waren, fand heraus, dass Schreiben Selbstabwertungen und damit einhergehende negative Gedanken und depressive Stimmungen zu reduzieren vermag (Stewart & Parker, 2008). Besonders interessant war, dass die Jugendlichen, die gebeten wurden, positive Aspekte in ihre Texte einzubauen, auch wenn diese in der Realität nicht vorhanden waren, weniger negative Gefühle hatten. Das zeigt eindrücklich, welchen Einfluss unsere Erwartungshaltung auf unsere Gefühlslage hat.

Schreibend können wir uns selbst helfen. Das zu spüren, steigert unsere Selbstwirksamkeitserwartung, was wiederum dazu führt, dass unsere Selbstwirksamkeit steigt. In der Folge sind wir nicht länger passive Rezipienten von Ratschlägen und Deutungen, sondern produzieren etwas, auf das wir stolz sein können und das es uns erlaubt, uns in eigener Sache kompetent zu fühlen.

> Hilflosigkeit macht uns krank, Selbstwirksamkeit handlungsfähig. Nicht wir werden gelebt, sondern wir selbst steuern unser Leben.

Schreiben eröffnet die Möglichkeit, am Ende ein konkretes Ergebnis in Händen zu halten, einen Text, den man so oft lesen, überarbeiten und fortführen kann, wie man will. Auf diese Weise stellen unsere Texte konkrete und zuverlässige Begleiter dar und sind zugleich ein Archiv unserer Gedanken und Gefühle. Auch das vermittelt ein Gefühl von Kontrolle und Selbstwirksamkeit und bildet ein Gegengewicht zu den Gefühlen der Ohnmacht und Resignation, mit dem psychische und körperliche Leiden oft einhergehen.

Schreibend haben Sie Macht über sich und Ihre Geschichte. Auf dem Papier haben Sie die Wahl. Diese Erfahrung und das daraus entstehende Gefühl der Kontrolle bleibt in der Folge nicht nur auf das Papier beschränkt, sondern weckt oft neue Lebensgeister und den Wunsch, das Gedachte, Phantasierte und Geschriebene auf den

1 Therapeutisches Schreiben

Alltag zu übertragen und es dort auf seine Tauglichkeit hin zu prüfen.

Erinnern Sie sich an ein Ereignis, das gut gelaufen ist und bei dem Sie schon vorher davon überzeugt waren, zu schaffen, was Sie sich vorgenommen haben. Beschreiben Sie so genau wie möglich, was passiert ist und wie Ihre Gedanken und Gefühle vor, während und nach dem Ereignis waren.

Machen Sie das Gleiche wie in der vorherigen Übung mit einem Erlebnis, bei dem Sie Zweifel und Versagensängste hatten. Beschreiben Sie auch dieses Ereignis so detailliert wie möglich. Dann sehen Sie sich beide Texte an und fragen Sie sich, was die beiden Ereignisse unterscheidet.

1.5 Das Element der Achtsamkeit

Weil der Achtsamkeit neben der Selbstwirksamkeit im therapeutischen Schreiben ebenfalls eine wichtige Rolle zukommt, wollen wir uns diesen Aspekt als nächstes ansehen.

Achtsamkeit bezeichnet die Fähigkeit, bewusst und ohne Wertung im Hier und Jetzt zu sein und zu erkennen, dass das Leben nichts weiter ist als eine Folge von Augenblicken. Man könnte Achtsamkeit deswegen auch als besondere Form der Aufmerksamkeit beschreiben, als neutrales Beobachten und Wahrnehmen, als intentionslose Konzentration auf das, was in diesem Augenblick ist (Weiss & Harrer, 2010; Thich Nhat Hanh, 1988).

1.5 Das Element der Achtsamkeit

Achtsamkeit bedeutet auch, das Leben so zu nehmen, wie es ist und nicht beständig darüber nachzudenken, wie man es gerne hätte. Im Geist der Achtsamkeit sind Augenblicke weder gut noch schlecht, weder richtig noch falsch, sondern es sind einfach nur Augenblicke (Heimes, 2012). Weiss und Harrer (2010) bezeichnen Achtsamkeit als eine interessierte, akzeptierende Haltung, die sich durch eine Offenheit gegenüber allen Prozessen der Welt auszeichnet.

> Achtsamkeit ist ein wesentlicher Bestandteil des Schreibens, da wir nur über etwas schreiben können, das wir zuvor wahrgenommen haben, wobei sich Schreiben und Wahrnehmung in einem ständigen Wechselverhältnis befinden.

Schreiben schult die Aufnahme der Welt mit allen Sinnen, was zu einer veränderten Ausdruckskompetenz führt, die zu einem erweiterten Blick führt, der wiederum Einfluss auf unser Denken und Handeln hat. Erlebend werden wir zum Beobachter unserer Gedanken und Gefühle, was uns dabei hilft, uns von alten Konzepten zu lösen und offen für neue Erfahrungen zu werden.

Achtsamkeitsübungen wurden seit 1951 von Jon Kabat-Zinn (2006) zur Stressreduktion in die medizinische Therapie eingebracht (*Mindfulness Based Stress Reduction*). Auch andere Therapeuten integrierten die Achtsamkeit in ihre Behandlungen. So etwa Kurtz (1994) in die von ihm entwickelte *HAKOMI-Methode* oder Gendlin (1998) in das *Focusing*. In der Verhaltenstherapie gibt es ebenfalls achtsamkeitsbasierte Verfahren wie etwa die *Acceptance and Commitment Therapy (ACT)* (Hayes & Kollegen, 1999), die *Dialectical Behavioral Therapy (DBT)* (Linehan, 2009) oder die *Mindfulness Based Cognitive Therapy (MBCT)* (Segal & Kollegen, 2001). In all diesen Therapien macht man es sich zunutze, dass der Mensch durch die Entwicklung von Achtsamkeit eine größere Distanz und Toleranz seinen Gedanken und Gefühlen gegenüber entwickelt.

Entsprechend lassen sich wissenschaftliche Erkenntnisse aus der Meditation durch das gemeinsame Bindeglied der Achtsamkeit auch auf das therapeutische Schreiben übertragen. So kam es in einer Studie nach einem achtwöchigen Meditationstraining zu einer vermehrten Aktivität in der linken vorderen Hirnregion, die bei depressiven Störungen normalerweise wenig aktiv ist (Davidson & Kollegen, 2003). Deswegen könnte man im Umkehrschluss unter Umständen davon ausgehen, dass eine Aktivierung dieser Region durch Meditation oder achtsame Schreibpraxis vielleicht ebenfalls zu einer Verminderung depressiver Störungen beiträgt. Teasdale (1999) verweist darauf, dass ein achtsames Erleben sowie die Akzeptanz emotionaler Zustände die Grundlage für eine gelungene Verarbeitung von Gefühlen darstellt, was man sich in der Depressionsprävention zunutze machen kann.

Was bedeutet Achtsamkeit für Sie? In welchen Situationen und Augenblicken gelingt es Ihnen, achtsam zu sein?

Nehmen Sie wahr, wie es Ihnen gerade geht, ohne etwas bewerten oder verändern zu wollen. Befragen Sie Ihren Geist und Körper, was gerade ist, registrieren es und notieren es wie ein neutraler Protokollant, dessen Aufgabe es ist, die Gegebenheiten so genau wie möglich festzuhalten, ohne wertend oder korrigierend einzugreifen.

Folgen Sie sich selbst wie mit einer Kamera. Denken Sie daran, dass das Auge der Kamera neutral ist. Notieren Sie, was Sie sehen.

Richten Sie Ihre Aufmerksamkeit auf Ihren Atem. Spüren Sie, wie die Luft in Ihren Körper hinein und wieder herausströmt. Atmen Sie und machen sich bewusst, dass Sie atmen. Wenn Ihre Gedanken abschweifen, kehren Sie geduldig zu Ihrem Atem zurück und finden Ihren ganz eigenen Rhythmus. Nach ein paar Minuten öffnen Sie die Augen und halten schriftlich fest, was Sie gerade erlebt haben.

Suchen Sie sich einen Platz, an dem Sie sich wohl und sicher fühlen, schließen die Augen und achten auf die Geräusche um sich herum. Registrieren Sie, welche Geräusche es gibt, ohne diese bewerten oder verändern zu wollen. Nach ein paar Minuten öffnen Sie die Augen und schreiben einen Text über das Wahrgenommene.

Beschäftigen Sie sich mit einer Zitronenscheibe. Wie sieht sie aus? Wie riecht sie? Wie fühlt sie sich an? Nachdem Sie die Zitronenscheibe auf diese Weise erkundet haben, lecken Sie daran oder beißen hinein. Welche Gedanken und Erinnerungen löst der Geschmack bei Ihnen aus? Notieren Sie zunächst nur, was Sie wahrgenommen haben und erst in einem zweiten Schritt, welche Gefühle, Gedanken und Erinnerungen die Übung in Ihnen ausgelöst hat.

1.6 Risiken und Nebenwirkungen

Alles, was eine positive Wirkung hat, kann auch eine negative Wirkung haben. Das gilt auch fürs therapeutische Schreiben. In manchen Untersuchungen war die Rede von einer kurzzeitigen Stimmungsverschlechterung sowie einer Zunahme körperlicher Beschwerden direkt im Anschluss an die Schreibsitzung. Meist klangen die negativen Effekte jedoch wenige Stunden später wieder ab und in keinem der Fälle führten sie zu einem erhöhten Risiko für depressive Verstimmungen (Hockemeyer & Kollegen, 1999; Smyth, 1998; Francis & Pennebaker, 1992). Diese kurze Stimmungsverschlechterung kann man sich vielleicht am ehesten als Ausdruck einer emotionalen Erregung erklären, die zeigt, dass sich der Schreibende auf ein emotional bewegendes oder sogar belastendes Thema eingelassen hat.

Bedenkt man die zahlreichen Untersuchungen, in denen nie oder nur selten Hinweise auf eine Symptomverschlechterung auftauchen, scheint das Schreiben eine ziemlich sichere Methode zu sein (Baikie & Wilhelm, 2005).

Eine andere Frage, die sich in Hinblick auf Risiken und Nebenwirkungen stellt, ist, ob eine wiederholte Beschäftigung mit bestimmten Themen und Problemen zu einer Art Chronifizierung beiträgt. Während Schulte-Steinicke (2005) darauf verweist, dass das Beibehalten eines einzigen Themas über mehrere Schreibsitzungen, besonders im Fall der Selbstanalyse, das Risiko birgt, sich in eine sorgenvolle Stimmung hineinzuschreiben, wiesen andere Forscher nach, dass Teilnehmer, die in drei Sitzungen hintereinander über dasselbe Thema schrieben, mehr gesundheitliche Vorteile hatten als Teilnehmer, die über drei unterschiedliche Themen schrieben (Sloan & Kollegen, 2005). Dies könnte einer Mehrfachexposition in der Verhaltenstherapie vergleichbar sein, in der man auf diese Weise eine Desensibilisierung zu erreichen versucht.

Menschen mit einem akuten psychotischen Schub sollten allerdings lieber nicht oder nur unter professioneller Anleitung schreiben, weil sie ohnehin schon so tief in ihre eigene Welt eingetaucht sind, dass es ihnen mitunter schwerfällt, Realität und Fiktion zu unterscheiden, so dass man ihre Phantasie nicht zusätzlich anregen sollte.

> Sollten Sie beim Schreiben merken, dass das Geschriebene und Erinnerte Sie zu sehr aufwühlt und sollten Sie fürchten, die Gefühle nicht auszuhalten, hören Sie auf zu schreiben und beschäftigen sich zunächst mit etwas anderem. Reden Sie mit Freunden oder Angehörigen über Ihre Gefühle und Gedanken. Sollte sich Ihre Stimmung in den nächsten Tagen nicht wieder bessern, holen Sie sich bitte professionelle Unterstützung.

1.7 Grübeleien und Gedankenspiralen

Menschen mit Depressionen neigen häufig dazu, die Ursache für negative Ereignisse in sich selbst zu suchen. Die Geschehnisse werden dann vielfach durch eine Art negativ verzerrte Brille gesehen. Bei der Verarbeitung der Erfahrungen greifen sie auf ungünstige Muster zurück, die zu negativen Schlussfolgerungen führen und negative automatische Gedanken über sich, die Welt und die Zukunft generieren.

Dabei greifen die negativen Gedankeninhalte auf Schemata zurück, die aus vergangenen Erfahrungen entstanden sind. Meist handelt es sich um einigermaßen stabile gedankliche Muster, die sich oft schon in der Kindheit und Jugend herausgebildet haben und durch bestimmte Ereignisse oder Stress reaktiviert werden. In diesen Fällen kann das therapeutische Schreiben helfen, die negativen Denkmuster zu erkennen und durch günstigere zu ersetzen.

Beobachten Sie sich eine Woche lang jeden Tag drei Minuten lang beim Denken und protokollieren Ihre Gedanken. Hören Sie nach drei Minuten auf zu schreiben, auch wenn Ihre Gedanken weiterlaufen. Sehen Sie sich erst nach Abschluss der Woche an, was Sie geschrieben haben und verfassen einen Text dazu.

Häufig werden wir von den immer gleichen quälenden Gedanken heimgesucht. Notieren Sie die Top 10 Ihrer Gedankenspiralen und versuchen in einem zweiten Schritt, die daraus entstandenen Sätze durch alternative zu ersetzen. Wenn dort beispielsweise steht: »Immer läuft bei mir alles schief«, könnte ein alternativer Satz lauten: »Manche Dinge in meinem Leben laufen schief, andere hingegen super.«

1 Therapeutisches Schreiben

Stellen Sie sich vor, Ihr Kopf ist ein Aquarium und Ihre Gedanken schwämmen dort wie Fische herum. Welche Fische gibt es? Wie sehen sie aus? Bunt und schillernd oder eher grau und farblos? Was machen die Fische? Stoßen sie immer wieder gegen die Wände des Aquariums oder schwimmen im Kreis? Mögen Sie Ihre Gedankenfische? Welche Fische möchten Sie behalten und welche loswerden?

Stellen Sie sich vor, Sie stehen an einem Fließband. Neben Ihnen befinden sich zahlreiche Kartons. Sobald ein Gedanke in Ihrem Kopf auftaucht, nehmen Sie einen Karton, packen den Gedanken hinein, verschließen den Karton und stellen ihn aufs Fließband. Bei jedem Gedanken nehmen Sie einen neuen Karton, packen einen Gedanken hinein, verschließen den Karton und stellen ihn aufs Fließband. Sie haben ausreichend Kartons und können das Band Tag und Nacht laufen lassen. Beenden Sie die Übung, wenn Ihnen das passend erscheint, und schreiben einen Text darüber, was Sie erlebt haben.

2

Was ist eine Depression?

Nachdem wir uns mit den Grundlagen des therapeutischen Schreibens beschäftigt haben, möchte ich in diesem Kapitel die Grundlagen von Depressionen ansprechen, wobei eine umfassende Darstellung den Rahmen dieses Buches sprengen würde. Um es zunächst einmal ganz allgemein auszudrücken, handelt es sich bei einer Depression um eine Störung, die vor allem die Gemütslage betrifft.

Zur Diagnosestellung einer depressiven Störung und ihrer Schweregradbestimmung sind gemäß ICD-11 folgende Kriterien maßgeblich: Mindestens zwei Hauptsymptome müssen über zwei Wochen hinweg vorhanden sein. Dazu zählen eine gedrückte, depressive Stimmung, Interessenverlust und Freudlosigkeit, ein verminderter Antrieb sowie eine schnelle Ermüdbarkeit schon bei geringer Anstrengung, die dann meist auch zu einer Aktivitätseinschränkung führt (DGPPN, 2017).

Hinzu kommen sogenannte Zusatzsymptome wie verminderte Konzentrationsfähigkeit und Aufmerksamkeit, verringertes Selbstwertgefühl und Selbstvertrauen, Schuldgefühle sowie Gefühle der Wertlosigkeit, negative und pessimistische Zukunftsideen, Selbstmordgedanken und Selbstverletzungen oder Suizidhandlungen, Schlafstörungen und Appetitverlust (DGPPN, 2017).

Kürzere Erkrankungszeiträume als zwei Wochen werden bei der Diagnosestellung nur dann berücksichtigt, wenn die Symptome ungewöhnlich schwer sind oder besonders schnell auftreten. Die Schwere einer Depression wird anhand der Zusatzsymptome bestimmt. Leiden Patienten zusätzlich zu den Hauptsymptomen unter mindestens zwei Zusatzsymptomen, spricht man von einer leichten Episode. Handelt es sich um drei bis vier geht man von einer mittelgradigen Episode aus. Bestehen mehr als vier Zusatzsymptome bezeichnet man es als schwere Episode, die zusätzlich mit psychotischen Symptomen wie Wahnvorstellungen oder Halluzinationen einhergehen kann (DGPPN, 2017).

So wichtig diese Einteilung für die Kommunikation der Ärzte und Therapeuten untereinander sein mag, hat sie für Sie meines Erachtens eine untergeordnete Bedeutung, weil sie lediglich besagt, dass Beschwerden in einer bestimmten Konstellation über einen bestimmten Zeitraum hinweg vorhanden sein müssen, damit man diese oder jene Diagnose stellen kann. Viel bedeutender für Sie erscheint mir jedoch, wie sich die Symptome für Sie anfühlen und wie Sie einen Umgang mit Ihren Beschwerden finden können. Da es aber zuweilen helfen kann, sich selbst zu verorten, wollen wir das an dieser Stelle ebenfalls versuchen, wenn auch auf ganz andere Weise, als es bei der klassischen Diagnose einer Depression gemacht wird.

Was denken Sie, was die wichtigsten Kennzeichen einer Depression sind? Stellen Sie sich vor, Sie wären Arzt oder Ärztin und müssten einen Artikel darüber schreiben, was eine Depression ist. Vergessen Sie alles, was Sie bisher darüber gelesen haben oder zu wissen glauben und konzentrieren sich ganz darauf, welche Beschwerden und Einschränkungen für Sie mit dieser Krankheit einhergehen. Wie ist es, mit dieser Krankheit zu leben und den Alltag zu gestalten?

2.1 Verbreitung von depressiven Störungen

Depressive Störungen gehören zu den häufigsten und am meisten unterschätzten Erkrankungen. Das Risiko im Verlauf seines Lebens an einer Depression zu erkranken liegt national wie international bei 16-20% (DGPPN, 2017). Laut Statistik leiden etwa doppelt so viele Frauen wie Männer an einer Depression. Diese Zahlen können zum einen damit zusammenhängen, dass Männer Stress anders verarbeiten und andere psychische Erkrankungen bekommen (z. B. Abhängigkeitserkrankungen) und zum anderen können die Zahlen Ausdruck dessen sein, dass Männer seltener Hilfe suchen, so dass Depressionen bei ihnen letztlich auch seltener diagnostiziert werden (Hausmann & Kollegen, 2008). Dabei scheint sich in den letzten Jahren eine Trendwende anzudeuten, die zeigt, dass auch Männer vermehrt Hilfe in Anspruch nehmen (Will & Kollegen, 2019).

Nichtsdestotrotz weist der Neurowissenschaftler Joachim Bauer im Gespräch mit dem Deutschlandfunk (2017) zurecht darauf hin, dass Männer ein »besonderes Problem« haben. Man wisse aus Studien, so Bauer, dass Männer, die an einer Depression erkranken, oft denken, diese sei ein Zeichen für Unmännlichkeit oder Schwäche. Und weil das nicht zu ihrem Selbstbild passe, führe das wiederum dazu, dass sie so täten, als »wäre nichts« und sie sich durch den Alltag kämpften. Entsprechend des Konzeptes der *Male Depression* verbirgt sich die Depression bei Männern oftmals hinter Aggressivität und Reizbarkeit sowie Risikoverhalten und Sucht (Hausmann & Kollegen, 2008).

> Während das Risiko, an einer Depression zu erkranken, bis zum 15. Lebensjahr bei 2–3 % liegt, ist bei Jugendlichen im Alter zwischen 15 und 17 Jahren bereits von einem ähnlich hohen Erkrankungsrisiko wie bei Erwachsenen auszugehen (Wittchen & Kollegen, 2010).

Von 2009 bis 2017 stieg die Zahl der Diagnosen von 12,5 % auf 15,7 % (Steffen & Kollegen, 2020). Allerdings wurden nur gesetzlich Versicherte in diese Studie einbezogen. Zudem bedeutet der Anstieg nicht zwangsläufig, dass auch die Zahl der Erkrankten gestiegen ist. Ebenso könnten die steigenden Zahlen damit erklärt werden, dass die Sensibilität gegenüber psychischen Krankheiten zugenommen hat. Zudem wird heutzutage bei bestimmten körperlichen Beschwerden, wie etwa Rückenschmerzen, genau hingesehen, um festzustellen, ob sich hinter diesen Symptomen nicht vielleicht eine psychische Belastung oder Erkrankung verbirgt.

Neben der richtigen Interpretation der Zahlen gilt es zu bedenken, wie die Studien durchgeführt wurden, das heißt, welche Gruppen eingeschlossen und welche Untersuchungsmethoden angewendet wurden. Berücksichtigt man diese Faktoren, ist es nicht verwunderlich, dass Forscher, die andere Methoden wählen, zu anderen Ergebnissen kommen. So ergab etwa eine Studie aus dem Jahr 2014 (Jacobi & Kollegen), dass die Zahl der depressiv Erkrankten von 1997 bis 2012 kaum zugenommen hat. Die Forscher verglichen dabei Daten aus den Jahren 2009 bis 2012 mit Zahlen aus den Jahren 1997 bis 1999. Während sie keinen Anstieg der Gesamterkrankungsrate feststellten, zeigte sich in ihrer Studie, dass es zu Verschiebungen in den Altersgruppen kam und aktuell Frauen zwischen 18–34 Jahren häufiger unter Depressionen leiden als früher.

> So unterschiedlich die Zahlen und Interpretationen auch sein mögen, zeigen alle Studien ganz klar, dass wir es bei der Depression mit einer Erkrankung zu tun haben, die schon seit längerer Zeit eine große gesellschaftliche Relevanz besitzt. Depressionen führen weltweit zu den meisten von Krankheit beeinträchtigten und durch vorzeitigen Tod verlorenen Lebensjahren.

Im Jahr 2015 starben mehr Menschen durch Suizid (10.080) als durch Drogen (1226), Verkehrsunfälle (3578) und HIV (371) zusammen. Dabei ist bei der Mehrheit dieser Suizide eine unzureichend behandelte Depression die Ursache (Stiftung Deutsche Depressionshilfe, 2021; Statistisches Bundesamt, 2021). Dennoch wird die Krankheit nach wie vor unterschätzt, was sich unter anderem darin zeigt, dass sie oftmals erst zu spät erkannt wird und zu wenig Forschungsgelder zur Verfügung gestellt werden, um die Krankheit und die entsprechenden Präventionsmöglichkeiten noch eingehender zu untersuchen (Kara, 2021).

2.2 Formen und Phasen einer Depression

Depressionen unterscheiden sich stark in ihrem Verlauf. Ist die Stimmungslage immer gedrückt, sprechen Fachleute von einer monopolaren bzw. unipolaren Depression. Ist die Stimmung abwechselnd gedrückt und gehoben oder euphorisch (manisch), handelt es sich um eine bipolare Störung, die auch als bipolare Depression oder manisch-depressive Erkrankung bezeichnet wird. Weiterhin gibt es die Diagnose der Dysthymie, bei der die depressiven Symptome weniger stark ausgeprägt sind, dafür aber über einen Zeitraum von mindestens zwei Jahren anhalten (DGPPN, 2017). Treten die Dysthymie und die depressive Störung kombiniert auf, spricht man von einer »Double Depression« (Keller & Kollegen, 1997).

> Depressionen zeichnen sich typischerweise durch einen episodischen Verlauf aus. Das heißt, dass die Krankheitsphasen zeitlich begrenzt sind und sich mit symptomarmen oder -freien Zeiten abwechseln.

Die Krankheitsphasen können von wenigen Wochen bis zu mehreren Monaten dauern, unter anderem abhängig davon, wie schnell und effektiv eine Behandlung einsetzt. Treten im Verlauf des Lebens mehrere depressive Episoden auf, spricht man von einer rezidivierenden (wiederkehrenden) Depression, wie sie leider in der Mehrzahl der Fälle vorliegt. Obwohl die Daten nicht ganz einheitlich sind, kann man davon ausgehen, dass bei 70–80% der Betroffenen mehr als eine depressive Episode auftritt (Victor, 2004).

Zwischen den Episoden fühlen sich die Betroffenen meist gesund, wobei die Zeitdauer zwischen den Krankheitsphasen ebenso variieren kann wie die Dauer derselbigen. Bei fast allen Depressionen wechseln sich symptomfreie bzw. -arme und kranke Phasen ab und auch innerhalb der Krankheitsphasen geht es den Betroffenen mal besser und mal schlechter. Zudem hat sich gezeigt, dass sich ein Umgang mit depressiven Zuständen erlernen und eine Haltung einüben lässt, die auch in den depressiven Phasen etwas Erleichterung verschaffen und Hoffnung spenden kann.

Kennen auch Sie unterschiedliche Phasen der Depression? Was zeichnet diese bei Ihnen aus?

2.3 Entstehung von Depressionen

Wie bei vielen chronischen Erkrankungen spielt auch bei der Depression, die ebenfalls chronisch verlaufen kann, ein genetisch verankertes Risiko eine Rolle. Dessen absoluten Beitrag kann man beim Einzelnen bisher allerdings ebenso wenig bestimmen wie den Einfluss äußerer Faktoren wie etwa belastende Lebensereignisse oder Stress. Studien zu Erkrankungsraten bei Zwillingen, Einzelkindern und adoptierten Kindern haben jedoch gezeigt, dass das genetische Risiko umso größer ist, je enger der Verwandtschaftsgrad. Bei einer unipolaren depressiven Erkrankung eines eineiigen Zwillings liegt die Wahrscheinlichkeit, dass der andere Zwilling ebenfalls erkrankt bei 30-50% (Birbaumer & Schmidt, 2005).

> Als Erklärungsansatz für die Entstehung einer Depression kann wie bei anderen psychischen Erkrankungen das sogenannte Diathese-Stress-Modell (auch Vulnerabilitäts-Stress-Modell) genutzt werden.

Das Modell geht von der Annahme aus, dass die Kombination zweier Faktoren nötig ist, damit es zum Ausbruch einer psychischen Erkrankung kommen kann. Zum einen die Diathese (Krankheitsneigung oder Vulnerabilität), die sowohl von biologischen und genetischen Prädispositionen, also gewissermaßen Veranlagungen, als auch biografischen und sozialen Faktoren abhängt, und zum anderen Stressereignisse wie z. B. belastende Lebensereignisse oder akuter und chronischer Stress. Störungen treten jedoch nur dann mit erhöhter Wahrscheinlichkeit auf, wenn eine gewisse Vulnerabilität vorliegt.

Mehrere Untersuchungen zeigen die Wechselwirkung von belastenden Ereignissen und der kognitiven Verarbeitung als wichtigsten Faktor für die Entstehung und Aufrechterhaltung von Depressionen (Lewinsohn & Kollegen, 2001; Hautzinger, 2000). Belastende

2 Was ist eine Depression?

Lebensereignisse können also ein Auslöser einer Depression sein, vor allem wenn noch weitere Faktoren bestehen, die die Krankheit begünstigen (z. B. genetische oder familiäre Belastungen).

Was glauben Sie, welche Ursachen Ihrer Depression zugrunde liegen?

Gibt es in Ihrer Familie depressive Erkrankungen? Falls ja, haben Sie eine Erinnerung daran, wer davon betroffen war und wie mit der Krankheit sowie den Betroffenen umgegangen wurde?

2.4 Depression und Persönlichkeit

Bevor wir uns einen möglichen Zusammenhang zwischen einer Depression und der Persönlichkeit ansehen, sollten wir den Begriff der Persönlichkeit erst einmal etwas genauer beleuchten.

> In der Psychologie wird unter Persönlichkeit ein Bündel an Eigenschaften verstanden, das einer Person ihre Individualität verleiht. Diese Eigenschaften halten über einen längeren Zeitraum an, sind also einigermaßen stabil und beinhalten das Temperament (Antrieb und Emotionen) sowie den Charakter eines Menschen, der längerfristige Einstellungen, Werte und Normen umfasst (Akiskal & Kollegen, 2002).

Wie häufig in der Psychologie gibt es auch für den Begriff der Persönlichkeit viele verschiedene Definitionen, allerdings sind sich die meisten Forscher einig, dass die Faktoren, die unsere Persönlichkeit

2.4 Depression und Persönlichkeit

ausmachen, überdauernd und individuell sind (Victor, 2004; Saß & Kollegen, 1996). Ebenso einig sind sich Wissenschaftler, dass genetische und neurobiologische Faktoren einen großen Einfluss auf unser Temperament und damit auch auf unsere Persönlichkeit haben (Victor, 2004; Saß, 1988). Eine Zeitlang ging man von sogenannten Temperamentstypen aus: hyperthym, zyklothym, dysthym (depressiv) und reizbar (Akiskal & Akiskal, 1992). In dieser Vorstellung heißt das nicht, dass ein dysthymer Temperamentscharakter zwangsläufig eine Depression entwickelt, sondern nur, dass er eine gewisse Veranlagung dazu hat. Man spricht in diesem Zusammenhang von Prädisposition.

Neuere Konzepte gehen nicht mehr von Temperamentstypen aus, sondern von Persönlichkeitsfaktoren. So etwa das bekannte Big-Five-Modell von Costa und McCrae (1990), das fünf Faktoren aufführt, die die Persönlichkeit ausmachen: Extraversion, Verträglichkeit, Gewissenhaftigkeit, Neurotizismus und Offenheit. Andere Autoren vertreten Modelle mit sechs oder sieben Faktoren, die hier weder aufgeführt noch diskutiert werden können. Festzuhalten bleibt, dass es einen Zusammenhang zwischen Persönlichkeit und Depression gibt und dass eine erbliche Komponente eine Rolle spielt.

Ein anderer Begriff, der sich einigermaßen hartnäckig hält und von dem Sie vielleicht schon gehört haben, ist der »Typus Melancholicus« (Tellenbach, 1961). Dabei handelt es sich um ein Muster an Persönlichkeitszügen, die an und für sich noch keinen Krankheitswert darstellen, auch wenn sie immer wieder mit Depressionen in Zusammenhang gebracht werden. Aber der »Typus Melancholicus« ist gewissenhaft, leistungsbezogen und ordnungsliebend und bleibt deswegen mit seinen Forderungen an sich selbst oft hinter den eigenen Erwartungen zurück, was ein mögliches Risiko für eine Depression darstellt (Victor, 2004). Obwohl der Begriff an der einen oder anderen Stelle durchaus noch auftaucht, hat er im Lauf der Zeit doch deutlich an Bedeutung verloren.

2 Was ist eine Depression?

Unabhängig von den Schilderungen aus den vorangegangenen Absätzen, was denken Sie ganz allgemein: Gibt es einen Zusammenhang zwischen Persönlichkeit und Depression?

Wer sind Sie jenseits Ihrer Depression? Wie war Ihr Leben, bevor Sie krank wurden? Wie waren Sie? Vielleicht mögen Sie auch zwei Zettel anfertigen, einen, der Ihre Persönlichkeit vor der Erkrankung beschreibt und einen, der Sie aktuell charakterisiert.

Wie sprechen Sie über Ihre Erkrankung? Sagen Sie: »Ich bin depressiv« oder sagen Sie: »Ich habe eine Depression.« Glauben Sie, dass das einen Unterschied macht? Wenn ja, welchen?

2.5 Depression und Beziehungen

Da die meisten Depressionen einen langwierigen Verlauf nehmen und zudem in der Mehrzahl der Fälle wiederkehren, haben sie nicht nur einen maßgeblichen Einfluss auf die Betroffenen selbst, sondern ebenso auf Angehörige und Freunde sowie die Beziehungsgestaltung. Somit stellt eine Depression nicht nur eine große Belastung und Herausforderung für die Betroffenen dar, sondern ebenso für Beziehungen und Partnerschaften. Zum einen, weil sich die niedergedrückte Stimmung auch auf das Umfeld und den Partner erstrecken kann und zum anderen, weil Menschen in der unmittelbaren Nähe von Betroffenen oft eine ähnlich große Hilflosigkeit erleben wie die Erkrankten selbst (Laux & Wolfersdorf, 2022).

Dabei gibt es einen schmalen Grat zwischen empathisch zu sein, mitzufühlen und sinnvoller Unterstützung auf der einen Seite und einem zu viel an Verantwortung übernehmen auf der anderen. Außerdem besteht die Gefahr, dass Angehörige und enge Freunde, die keine Selbstfürsorge betreiben, irgendwann ausbrennen, wenn sie sich die Probleme und Gefühle der Betroffenen zu sehr zu eigen machen. Zumal sie mit ihren eigenen Gefühlen ebenfalls einen Umgang finden müssen. Auf beiden Seiten herrschen Selbstzweifel und die Angst, etwas falsch zu machen sowie das Ausbalancieren zwischen Nähe und Distanz.

Deswegen bietet es sich an, Partner sowie Angehörige und Freunde in den Heilungsprozess einzubeziehen und immer wieder aufeinander zuzugehen und offen zu bleiben (Laux & Wolfersdorf, 2022). Dies kann durch Gespräche passieren, aber auch durch Texte.

> Obwohl sich dieses Buch explizit an Betroffene richtet, kann es indirekt auch eine Hilfe für die Beziehungsarbeit darstellen.

Indem Sie Ihre Gedanken und Gefühle aufschreiben, können Sie, sofern Sie dies wünschen, Ihren Partner und Ihre Freunde daran teilhaben lassen, indem Sie Ihre Texte mit ihnen teilen. Oder indem Sie sie ermutigen, ebenfalls ihre Gefühle und Gedanken zu Papier zu bringen und diese wiederum mit Ihnen zu teilen.

Der Vorteil des schriftlichen Austauschs besteht darin, dass man Zeit hat, seine Gedanken und Gefühle auszuloten und seine Worte mit Bedacht zu wählen. Indem man dem jeweils anderen die Texte zum Lesen gibt, bietet man ihm zugleich die Chance, das Geschriebene in Ruhe wirken zu lassen und sich für eine Antwort ebenfalls Zeit zu nehmen. Diese Form des Austauschs ermöglicht es Ihnen und Ihrem Gegenüber, emotionale Distanz zu gewinnen, was in aufgeladenen Situationen zur Deeskalation beitragen kann (Heimes, 2019).

In jedem Fall sollten Sie darüber nachdenken, ob Sie Ihren Partner oder andere wichtige Bezugspersonen in die Therapie einbeziehen wollen, wenn das nicht ohnehin schon geschieht. Die ent-

2 Was ist eine Depression?

scheidende Frage ist nicht, ob Probleme in der Partnerschaft Vorläufer oder Folge der Depression sind, sondern eher, welche Dynamiken und Prozesse in der Therapie berücksichtigt werden müssen. Dabei gibt es unterschiedliche Modelle, die untereinander und im Kontakt mit dem Therapeuten abzustimmen sind und die von einer gelegentlichen Einbeziehung des Partners in eine regulär stattfindende Einzeltherapie bis hin zur Paartherapie reichen.

Wie hat die Depression Ihre Beziehungen verändert? Denken Sie dabei sowohl an Beziehungen zu einem möglichen Partner oder einer Partnerin als auch zu Angehörigen und Freunden. Gerne können Sie auch für jede Beziehung einen eigenen Zettel nehmen und separate Texte verfassen.

Schreiben Sie jemandem, der Ihnen wichtig ist einen Brief unter dem Motto »Was ich dir schon immer sagen wollte« oder »Was ich an dir schätze und wofür ich dir danken möchte.«

Notieren Sie, was Ihnen in Ihren verschiedenen Beziehungen wichtig ist. Auch hier können Sie verschiedene Texte für die unterschiedlichen Beziehungen verfassen. Denken Sie daran, dass Sie diese Texte zunächst nur für sich selbst schreiben. Später können Sie noch immer darüber nachdenken, was Sie davon unter Umständen in die jeweilige Beziehung einbringen wollen.

Vielleicht möchten Sie Ihren Beziehungspartner, Ihre Partnerin oder einen nahen Angehörigen oder Freund auch direkt zu Wort kommen lassen. Wenn Sie mögen, können Sie ihm dafür die folgende Aufgabe zur Verfügung stellen. Wohlgemerkt schreibt auch Ihr Partner respektive Ihre Partnerin den Text zunächst nur für sich. Ob und wie er oder sie den Text oder die daraus gewonnenen Erkenntnisse mit Ihnen teilen möchte, entscheidet er oder sie.

Wie geht es dir mit mir und meiner Krankheit? Was brauchst du, damit es dir in unserer Beziehung gut geht?

Wenn Sie mögen, können Sie parallel dazu die nächste Schreibübung durchführen.

Beginnen Sie Ihren Text mit dem folgenden Halbsatz: »Ich sehe, was du für mich empfindest und tust und ich möchte ...«

2.6 Depression und Leistung

Wir leben in einer Leistungs- und Funktionsgesellschaft. Wer nichts leistet, ist nichts wert, so das Diktum, das sich bei vielen tief in in die eigene Matrix eingegraben hat, selbst dann, wenn niemand es auszusprechen wagt und man dabei ist umzudenken und neue Werte zu schaffen. Doch so etwas dauert und in einer Gesellschaft, die auf Konsum und Wachstum ausgelegt ist, haben es Menschen, die aus dem System herausfallen und vermeintlich nicht mehr funktionieren, nach wie vor sehr schwer, unabhängig davon, warum sie nicht in der Lage sind, die gewünschte Leistung zu erbringen. Besonders perfide ist die Tatsache, dass von einer Depression häufig Menschen betroffen sind, die selbst schon extreme Ansprüche an sich haben und ohnehin einen enormen Erwartungs- und Leistungsdruck sich selbst gegenüber aufbauen.

Hier spielen also sowohl die Erwartungen der Gesellschaft als auch die der eigenen Person eine große Rolle. Deswegen ist es für

Betroffene häufig besonders schwer, ihr Selbstwertgefühl aus anderen Quellen zu ziehen und aufrecht zu halten. Zumal sie merken, dass sie in ihrer Leistungsfähigkeit eingeschränkt sind und selbst am meisten darunter leiden, auch ohne von der Gesellschaft noch dafür stigmatisiert zu werden.

> Die eigenen Ansprüche und Erwartungen zurückzuschrauben und sich ohne großartige Leistungen als wertvoll und liebenswert zu erleben, ist eine große Herausforderung, die mit Sicherheit einige Zeit in Anspruch nimmt.

Wie stehen Sie zu Leistung? Wie geht es Ihnen mit möglichen Leistungseinschränkungen durch Ihre Krankheit?

Woraus ziehen Sie Ihr Selbstwertgefühl? Ist es an Ihre Leistungsfähigkeit gekoppelt? Beschreiben Sie, was Sie stärkt und Ihnen Selbstvertrauen gibt.

Notieren Sie mögliche Quellen, aus denen Sie ein positives Selbstwertgefühl ziehen können. Schreiben Sie so schnell und spontan wie möglich, ohne darüber nachzudenken, ob das, was Ihnen einfällt, wirklich geeignet ist, Ihr Selbstwertgefühl zu steigern.

Was denken Sie über Menschen, die nicht in der Lage sind, großartige Leistungen zu vollbringen? Was ist ihr ›Wert‹ in der Gesellschaft? Was gilt für Sie als Leistung?

Welchen Wert hatte Leistung in Ihrer Herkunftsfamilie? Haben Sie im Lauf Ihres Lebens eigene Vorstellung zur Leistungsidee gewonnen oder sind Sie den Mustern Ihrer Herkunftsfamilie verhaftet geblieben?

2.7 Depression und Schuldgefühle

Oftmals haben von einer Depression Betroffene das Gefühl, ihre Krankheit, zumindest zum Teil, selbst verschuldet zu haben. Das hängt zum einen mit den beschriebenen Erwartungen an die eigene Person zusammen und zum anderen mit der Attribuierung durch die Umwelt (Laux & Wolfersdorf, 2022). Noch immer halten sich Vorurteile, die die Depression als ein Zeichen von Charakterschwäche oder als Folge einer falschen Lebensführung verstehen.

Auch was die Behandlung angeht, bestehen noch Vorurteile. So finden fast 80 % der Bevölkerung, dass ein Urlaub ein gutes Mittel gegen eine Depression darstellt und fast jeder Fünfte denkt, dass es reicht, sich »zusammenreißen«, um eine Depression zu überwinden (Deutschland-Barometer Depression, 2017). Die *Stiftung Deutsche Depressionshilfe* hat in Kooperation mit der *Deutsche Bahn Stiftung* eine Studie dazu durchgeführt. Der Titel lautet *Volkskrankheit Depression – So denkt Deutschland*. Befragt wurden knapp 2000 Menschen aus deutschen Haushalten zwischen 18 und 69 Jahren.

Fast ein Viertel der Befragten gab an, dass bei ihnen schon einmal die Diagnose einer Depression gestellt wurde und bei mehr als einem Drittel wurde die Diagnose bei einem Angehörigen oder Bekannten gestellt. Allerdings hatte über ein Drittel der Befragten noch nie direkten Kontakt mit der Krankheit. Obwohl die Krankheit also bereits mitten in der Bevölkerung angekommen ist, sind die Kenntnisse darüber mitunter noch begrenzt. Wer eine Depression erleidet, gilt bei vielen noch immer als wenig leistungsfähig und nicht belastbar, als schwach und nicht ausreichend willensstark. Dadurch lässt sich die Krankheit möglicherweise leichter nachvollziehen, aber sie wird auf diese Weise nicht als die schwere Erkrankung erkannt, die sie ist.

2 Was ist eine Depression?

Haben Sie das Gefühl, an Ihrer Depression selbst schuld zu sein? Zumindest teilweise? Wird Ihnen das Gefühl von anderen vermittelt? Wie hören sich mögliche Schuldzuweisungen an? Könnten Sie diese bitte einmal so konkret wie möglich notieren? Was halten Sie von diesen Vorwürfen, wenn Sie sie schwarz auf weiß sehen?

Was könnten Sie zu Ihrer »Verteidigung« sagen, sowohl sich selbst als auch anderen gegenüber? Stellen Sie sich vor, Sie sind Ihr eigener Anwalt und müssten ein Plädoyer in eigener Sache halten. Sie könnten zum Beispiel mit dem Satz starten: »Hohes Gericht, mein Mandant, meine Mandantin ist frei von Schuld ...«

Kennen Sie das auch, dass Gefühle von Schuld und Scham oft miteinander einhergehen?

Wann und wofür schämen Sie sich?

Wenn Scham eine Person wäre, was würden Sie ihr sagen wollen?

Schreiben Sie sich selbst einen Brief, in dem Sie sich verzeihen. Was immer Sie sich selbst vorwerfen.

Fatalerweise trägt die noch immer vorhandene Zuschreibung von Schuld bei einer Depressionserkrankung dazu bei, dass Betroffene immer wieder das Gefühl bekommen, nicht gut genug zu sein, was in einen Teufelskreis der Selbstabwertung führt. Das ist extrem ungünstig, zumal ein gutes Selbstwertgefühl, das dadurch leider untergraben wird, zu einem der protektiven Faktoren zählt. Auch andere schützende Faktoren kommen mit diesem falschen Bild der Depression mitunter nicht zum Tragen, wie etwa soziale Unterstützung sowie angenehme und positiv verstärkende Aktivitäten mit verständnis- und liebevollen Menschen (Victor, 2004).

Ein differenziertes Verständnis der Depression, was sowohl die Integration Betroffener in die Gesellschaft angeht als auch deren Genesung, wäre eindeutig von Vorteil. Wir alle sind dazu aufgerufen, an diesem neuen Verständnis mitzuwirken. Ein erster Schritt für Betroffene könnte darin bestehen, wenig hilfreiche Selbstzuschreibungen zu unterlassen, um in einem zweiten Schritt mit einem neuen Selbstverständnis und -bewusstsein auf andere zuzugehen, um sowohl sich selbst als auch die eigenen Interessen angemessen zu vertreten.

Stellen Sie sich vor, Sie hätten einen Knochenbruch und wären eine Zeitlang auf fremde Hilfe angewiesen. Wie würden Sie um Unterstützung bitten?

Jetzt stellen Sie sich das Gleiche für Ihre Depression vor. Wie könnten Sie in Hinblick auf Ihre Depression um Unterstützung bitten?

Was halten Sie davon, wie in der Öffentlichkeit mit dem Thema »Depression« umgegangen wird? Welchen Umgang würden Sie sich wünschen?

2.8 Körperliche Aspekte einer Depression

Eine Depression beeinflusst langfristig sowohl das Empfinden als auch das Denken und Verhalten und meist sogar zahlreiche Körperfunktionen, insbesondere wenn die Krankheit länger anhält oder häufig wiederkehrt. So erläutert etwa der Psychiater Ulrich Hegerl, der zugleich der Vorsitzende der Stiftung Deutsche Depressionshilfe ist: »Die Depression kann eine Vielzahl körperlicher Folgeerscheinungen nach sich ziehen.« Im Anschluss an dieses Statement erklärt er, dass die krankheitstypische innere Anspannung zu einem erhöhten Muskeltonus führe und dadurch Verspannungen begünstige, die dann zu Kopf-, Nacken- und Rückenschmerzen führen könnten. Wenn Betroffene aufgrund des Appetitverlusts zudem oftmals nur noch wenig essen würden, entstünden zudem Verdauungsstörungen, die wiederum zu Übelkeit, Blähungen oder Verstopfungen führen könnten (Kraft, 2016).

Neben diesen körperlichen Beschwerden fühlen sich Menschen mit einer Depression außerdem oft zunehmend unwohl in ihrem Körper, weil sie weniger aktiv sind. Manchmal verlieren sie den Bezug zu ihrem Körper fast gänzlich und können oder wollen sich und ihren Körper nicht mehr spüren.

> Bei einer larvierten Depression, die oft auch als maskierte Depression bezeichnet wird, stehen die somatischen Beschwerden sogar im Vordergrund. Häufige Symptome sind hierbei Herz-Kreislauf-Beschwerden, Kopf- und Rückenschmerzen sowie Magen-Darm-Probleme. Hinzu kommen Schlafstörungen sowie Appetitlosigkeit. Wichtig ist, dass organische Ursachen für körperliche Beschwerden abgeklärt und diese angemessen behandelt werden (Laux & Wolfersdorf, 2022).

Wie Sie sicher bereits festgestellt haben, sind körperliche und seelische Beschwerden häufig eng miteinander verbunden und mitunter manifestiert sich seelischer Schmerz im Körper. Das gilt auch für lange zurückliegende Erlebnisse. Deswegen die Frage: Was war die emotional belastendste Erfahrung Ihres Lebens? Schreiben Sie einen Text darüber und notieren am Ende, wo und was Sie nach dem Schreiben in Ihrem Körper wahrnehmen.

Was können Sie Positives über Ihren Körper sagen? Notieren Sie alles, wofür Sie Ihrem Körper dankbar sind. Schreiben Sie im Anschluss darüber, wie schwer oder leicht Ihnen die Übung gefallen ist und wie es Ihnen mit Ihrem Text geht.

2.9 Depression und Suizidalität

Das Gefühl der Hoffnungslosigkeit und das Empfinden, es gäbe keinen Ausweg aus der aktuellen Situation in Verbindung mit Schlafstörungen, übertriebenen Schuldgefühlen, Freudlosigkeit und Erschöpfung sind typische Symptome einer Depression und erzeugen einen hohen Leidensdruck. Bei Betroffenen kann da manchmal der Wunsch entstehen, dieser unerträglichen Situation entkommen zu wollen, bis hin zu dem Gedanken, sein Leben zu beenden.

In Deutschland töten sich etwa 10.000 Menschen pro Jahr selbst. Mehr als die Hälfte litt zuvor unter einer depressiven Störung. Mindestens zehnmal so viele haben einen missglückten Suizidversuch in der Biografie.

> Obwohl Zehntausende jährlich direkt oder indirekt unter den Folgen leiden, wird das Thema Suizid noch häufig tabuisiert.

Aber es besteht Hoffnung, denn inzwischen sind die Selbsttötungen im Lauf der letzten 30 Jahre von 18.000 auf 10.000 zurückgegangen. Der Hauptgrund dafür dürfte sein, dass sich mehr Erkrankte Hilfe holen und psychische Erkrankungen besser erkannt und behandelt werden (Apotheken Umschau, 2020).

2 Was ist eine Depression?

Viele Menschen haben Angst, Betroffene zu fragen, ob sie sich mit den Gedanken tragen, sich das Leben zu nehmen. Zum einen haben sie Angst, übergriffig zu sein, zum anderen die Sorge, damit überhaupt erst Tötungsphantasien auszulösen. Aber für Betroffene kann es teilweise befreiend sein, auf Tötungsphantasien angesprochen zu werden und damit nicht mehr allein zu sein.

Sollten Sie Suizidgedanken oder konkrete Tötungspläne haben, holen Sie sich bitte Hilfe!

Adressen und Ansprechpartner finden Sie am Ende des Buches. Vielleicht hilft es Ihnen in einem ersten Schritt auch, darüber zu schreiben, um auf diese Weise den Druck ein wenig zu reduzieren.

Vielleicht mögen Sie einen oder mehrere der folgenden Halbsätze fortführen:

- *»Ich habe schon einmal darüber nachgedacht, mir das Leben zu nehmen, weil ...«*
- *»Ich würde gerne mit jemandem über meine quälenden Gedanken und Selbstmordabsichten reden, aber ...«*
- *»Was ich bräuchte, um mich mit diesen Sorgen und Gedanken jemandem anzuvertrauen, ist ...«*

2.10 Abgrenzung zum Burnout-Syndrom

Beim Burnout-Syndrom handelt es sich gemäß ICD-11 um einen »Faktor, der die Gesundheit beeinträchtigen kann«. Auch die Vorgängerversion, die ICD-10, enthielt das Burnout als sogenannte Z-Diagnose. Darunter werden Faktoren zusammengefasst, »die den

2.10 Abgrenzung zum Burnout-Syndrom

Gesundheitszustand beeinflussen«. In dem neuen Katalog wird das Burnout allerdings sehr viel genauer spezifiziert und als ein Syndrom zusammengefasst, »das aus chronischem Stress am Arbeitsplatz resultiert, der nicht erfolgreich verarbeitet wird« (ICD-11, 2022).

> Laut ICD-11 zeichnet sich Burnout durch drei Dimensionen aus: Energielosigkeit oder Erschöpfung, erhöhte mentale Distanz zur Arbeit oder Gefühle von Negativismus oder Zynismus in Bezug auf die Arbeit sowie ein Gefühl der Ineffektivität und des Mangels an Leistung (ICD-11, 2022).

Beim Burnout steht in der Regel also die Erschöpfung im Vordergrund und es besteht ein deutlicher Zusammenhang zur Arbeitswelt. Hoffnungslosigkeit und Niedergeschlagenheit sind zwar auch vorhanden, aber deutlich schwächer ausgeprägt als bei einer Depression. Zum anderen geht die Depression oft mit dem Gefühl der Leere und Sinnlosigkeit einher, was beim Burnout nicht immer der Fall ist (Thalhammer & Paulitsch, 2014).

Ein weiteres Unterscheidungsmerkmal zwischen Depression und Burnout ist der Verlauf. Sobald die Stressoren beim Burnout abgeschwächt oder beseitigt sind und eine neue Balance und Lebensorganisation gefunden werden kann, ist das Syndrom zunächst einmal therapiert, sofern nicht neue massive Stressoren hinzukommen. Die Depression nimmt hingegen oft einen phasenhaften Verlauf.

Allerdings kann ein Burnout in eine Depression übergehen, vor allem, wenn die externen Belastungen nicht mehr das Hauptproblem darstellen, sondern die ganze Symptomatik in Richtung Selbstanklage und Selbstentwertung übergeht und die ständige Selbstüberforderung auf mehrere Lebensbereiche übergreift (Berger & Kollegen, 2012). Auch diesem Umstand wurde im neuen ICD-11 Rechnung getragen, so dass man nun in der Diagnose auch »Depression bei Burnout« angeben kann (Wolf, 2019).

2 Was ist eine Depression?

Ganz unabhängig von der Diagnose, die Ihnen gestellt wurde: Denken Sie, dass Sie eher unter einer Depression leiden oder einem Burnout? Welche Unterschiede zwischen Depression und Burnout sind aus Ihrer Sicht relevant?

3

Therapieansätze

Die Therapie der Depression orientiert sich am klinischen Bild, an der Schwere der Erkrankung und daran, wie akut die Symptomatik ist, ob Suizidgefahr besteht und die Krankheit zum ersten oder zum wiederholten Mal auftritt. Und natürlich daran, welche Ursache vermutet wird, sowie an der Situation der Betroffenen, ihrer Lebensgeschichte, ihren Bedürfnissen und Wünschen.

Prinzipiell kommen psychotherapeutische und pharmakologische Methoden zum Einsatz, wobei beide meist in Kombination eingesetzt werden. Auch das wieder in Abhängigkeit von der Schwere und dem Verlauf der Krankheit sowie bereits durchgeführten Therapien und den zur Verfügung stehenden Möglichkeiten.

3 Therapieansätze

> Grundlage jeder Depressionsbehandlung sind stützende und verständnisvolle Gespräche (Laux & Wolfersdorf, 2022).

Zudem gliedern sich die Maßnahmen in Akutbehandlung, Erhaltungs- und Langzeittherapie sowie Rezidivprophylaxe. Während man bei einer erstmaligen leichten Episode mit einer medikamentösen Therapie erst einmal zurückhaltend wäre, könnte es bei einer wiederholten schweren Episode unter Umständen hilfreich sein, direkt mit einer medikamentösen Therapie zu beginnen, wenn nicht ohnehin bereits eine Langzeittherapie existiert. Zu Beginn ist zudem zu klären, ob eine ambulante Therapie reicht oder besser ein stationärer Aufenthalt erfolgen sollte, was maßgeblich vom Leidensdruck sowie der Suizidalität abhängt (DGPPN, 2017).

Was insbesondere berücksichtigt werden sollte, ist Ihre ganz persönliche Biographie, die bei psychischen Erkrankungen eine zentrale Rolle spielt. Weiterhin relevant für die Therapie sind Ihre Ressourcen und Potentiale sowie Ihre Wünsche und Vorstellungen. Wichtig ist ebenfalls, welchen Zugang Sie zu bestimmten Therapien haben. Das heißt, wenn Sie beispielsweise keine Affinität zum Schreiben und zur Sprache haben, würde es nur wenig Sinn machen, das therapeutische Schreiben in Ihren Therapieplan aufzunehmen. Das gleiche gilt für Tanz-, Musik- und Maltherapie sowie andere Therapieformen. Und es gilt auch für die medikamentöse Therapie.

Sofern eine medikamentöse Therapie erforderlich ist, sollte abgeklärt und ausprobiert werden, welches Medikament für Sie am besten passt, sowohl in Hinblick auf das Wirkprofil als auch hinsichtlich der Nebenwirkungen. Manchmal kann eine medikamentöse Therapie auch notwendig sein, um die Voraussetzung für andere Therapieformen zu schaffen. Die Entscheidung, ob Sie eine medikamentöse Therapie wollen, sollte nach Rücksprache mit dem Arzt und Abwägung aller Vor- und Nachteile bei Ihnen liegen (DGPPN, 2017).

Gelingt es Ihnen, Ihre Behandlung ausreichend mit Ihrem Arzt oder Ihrer Ärztin zu besprechen? Finden dabei sowohl Ihre Hoffnungen als auch Ihre Befürchtungen ausreichend Gehör?

Welche Art der Kommunikation mit Ihrer Ärztin oder Ihrem Arzt wünschen Sie sich in Hinblick auf Ihre Behandlung? Haben Sie ihm oder ihr diese Wünsche mitgeteilt? Falls nicht, was hat Sie bisher davon abgehalten und was bräuchten Sie, damit sich das ändert?

3.1 Pharmakotherapie bei Depressionen

Es kann an dieser Stelle keine ausführliche Besprechung der medikamentösen Therapie erfolgen, da dies nicht das Ziel des Buches ist. Zur Behandlung der Depression stehen in Deutschland allerdings eine hohe Zahl zugelassener Medikamente zur Verfügung, die entsprechend ihrer Strukturformel und ihres Wirkmechanismus in unterschiedliche Klassen eingeteilt werden.

Wichtig erscheint mir in jedem Fall, dass Sie in Hinblick auf die medikamentöse Therapie einen Arzt als professionellen Ansprechpartner haben, dem Sie vertrauen und mit dem Sie Ihre Medikation in allen Einzelheiten besprechen können.

Wie stehen Sie im Allgemeinen zur Einnahme von Medikamenten, nicht nur in Hinblick auf Ihre Depression, sondern auch bei anderen Beschwerden und Krankheiten?

>
>
> *Gibt es eine medikamentöse Therapie für Ihre Depression, mit der Sie sich wohl fühlen? Überwiegen die positiven Wirkungen die negativen? Was ist Ihnen persönlich wichtig, wenn es um Ihre medikamentöse Behandlung geht?*

3.2 Psychotherapie bei Depressionen

Die meisten Experten sind sich einig, dass es zur Behandlung der Depression neben einer medikamentösen Therapie unbedingt weiterer Maßnahmen bedarf, wie etwa der persönlichen Beratung, psychoedukativ-supportiver Gespräche, der psychiatrisch-psychotherapeutischen Behandlung sowie einer qualifizierten angeleiteten Selbsthilfe (DGPPN, 2017).

Ähnlich wie im Bereich der Pharmakotherapie gibt es auch in der Psychotherapie verschiedene Verfahren, die zur Behandlung der Depression in Frage kommen und alle Vor- und Nachteile haben.

> Unabhängig davon, welches Psychotherapieverfahren gewählt wird, bildet die Entwicklung und Aufrechterhaltung einer tragfähigen Beziehung zwischen Patient und Therapeut die entscheidende Grundlage für jede Therapie.

Als Verfahren, die von der gesetzlichen Krankenversicherung übernommen werden, stehen in Deutschland zur ambulanten Therapie von Menschen mit depressiver Störung die Verhaltenstherapie, tiefenpsychologisch fundierte und analytische Psychotherapie sowie seit Juli 2020 auch die Systemische Therapie zur Verfügung. Andere

Behandlungen, wie die Interpersonelle Psychotherapie oder das therapeutische Schreiben sind im Rahmen der ambulanten Kassenversorgung in der Regel nicht erstattungsfähig. Im stationären Bereich hingegen kommen neben den bereits genannten verhaltens- und gesprächstherapeutischen Verfahren auch familientherapeutische Maßnahmen sowie die Interpersonelle Psychotherapie zum Einsatz. Diese werden durch Ergotherapie, Künstlerische Therapien, Psychoedukation sowie körper- und bewegungsbezogene Therapien und Entspannungstechniken ergänzt (DGPPN, 2017; Bühring, 2020).

Neben den genannten Therapien gibt es eine Vielzahl von Angeboten, so dass es mitunter sowohl für Experten als auch Laien schwierig ist, den Überblick zu bewahren. Vor allem, da sich einige Verfahren nur minimal voneinander unterscheiden oder die eine Therapie eine Weiterentwicklung eines anderen Verfahrens darstellt und vielleicht sogar das alte sowie das neue Verfahren parallel im Einsatz sind. So wurden Grundlagen der Kognitiven Therapie (Beck, 1999) und der rational-emotiven Therapie (Ellis, 1973) von Vertretern der Verhaltenstherapie weiterentwickelt, wie etwa in der *Acceptance and Commitment Therapy (ACT)* (Hayes, 1999) oder der *Dialectical Behavioral Therapy (DBT)* (Linehan, 2009).

> Alle diese Therapien, inklusive des therapeutischen Schreibens, verfolgen einen ganzheitlichen, humanistischen Ansatz, der den Zusammenhang von Denken, Fühlen und Handeln betont und dazu ermutigt, Gefühle bewusst zu erleben und auszudrücken, um emotional zu reifen und handlungsfähig zu bleiben (Heimes, 2014).

Einige Verfahren lassen sich auch in unterschiedliche Cluster einteilen. *ACT* und *DBT* zählen beispielsweise sowohl zu den kognitiven als auch den achtsamkeitsbasierten Therapien, zu denen auch *MBSR (Mindfulness Based Stress Reduction)* und *MBCT (Mindfulness Based Cognitive Therapy)* gerechnet werden, die bei Depressionen vor allem zur Rezidivprophylaxe eingesetzt werden (Barnhofer & Born, 2011).

Das therapeutische Schreiben kann ebenfalls den achtsamkeitsbasierten Verfahren zugeordnet werden, da es einen ganzheitlichen und systemischen Ansatz hat und ressourcenorientiert sowie potentialentfaltend arbeitet. Wie bei allen achtsamkeitsbasierten Therapien nehmen wir auch beim therapeutischen Schreiben eine wertschätzende Haltung uns selbst gegenüber ein und versuchen, das was ist, neutral und wertfrei zu beobachten sowie uns selbst und den Gegebenheiten mit radikaler Akzeptanz zu begegnen. Wir bemühen uns, im Hier und Jetzt zu sein, unsere Situation wahrzunehmen und erst in einem zweiten Schritt zu entscheiden, ob und wo es der Veränderung bedarf und ob es überhaupt in unserer Hand liegt, diese Veränderung zu bewirken.

Welche psychotherapeutischen oder alternativen Verfahren kennen Sie und wie ist es Ihnen damit bisher ergangen?

Welche Verfahren würden Sie gerne noch ausprobieren und was versprechen Sie sich davon?

3.3 Das Depressionstagebuch

Ein klassisches Depressionstagebuch beschäftigt sich vor allem mit dem Verlauf bestimmter Parameter. In der Regel geht es dabei um die Parameter Schlaf, Stimmung und Aktivität und manchmal noch um Angst oder Nervosität. In diesen Kategorien wird festgehalten, wie es einem geht, meist mit einer fünfstufigen Skala, angefangen von »sehr gut« bis »sehr schlecht«. Oft gibt es noch eine Spalte mit persönlichen Anmerkungen.

3.3 Das Depressionstagebuch

Ich denke, dass ein solches Tagebuch durchaus hilfreich sein kann, vor allem in der Kommunikation mit dem Psychiater und der Psychiaterin oder anderen Ärzten bzw. dem Psychotherapeuten und der Psychotherapeutin, die auf diese Weise einen schnellen Überblick über Ihre Beschwerden erhalten. Zugleich greift diese Art des Tagebuchs meines Erachtens zu kurz, da es die Auseinandersetzung mit sich selbst nur bedingt fördert. Es wird Ihnen bei den Fragen, warum es Ihnen geht, wie es Ihnen geht und welche Faktoren Einfluss auf Ihre Stimmung und Ihre Beschwerden haben, nur begrenzt weiterhelfen.

Genau hier setzt das therapeutische Schreiben an, wie Sie es in diesem Buch kennenlernen und in nächster Zeit hoffentlich ausprobieren. Denn nur, wenn Sie grundlegend erkennen, was Ihre Wünsche und Bedürfnisse sind, wo Ihre Grenzen liegen und was Sie wollen bzw. nicht wollen. Nur, wenn Sie alte Muster erkennen und die Chance für ein Umdenken und neues Handeln erhalten, eröffnet sich Ihnen die Gelegenheit, zu verstehen, warum Ihre Stimmung, Ihre Angst und Ihr Schlaf sind, wie Sie das in einem Depressionstagebuch vielleicht festgehalten haben. Es spricht also nichts dagegen, ein solches Tagebuch parallel zum therapeutischen Schreiben zu führen. Es als einziges Tool zu verwenden, würde Ihnen jedoch aus meiner Sicht ein paar Chancen nehmen.

Haben Sie schon einmal ein Depressionstagebuch geführt? Wenn ja, was sind Ihre Erfahrungen? Wenn nein, wollen Sie es versuchen und was versprechen Sie sich davon?

3.4 Selbsthilfegruppen bei Depressionen

Wie für die meisten Krankheiten und Probleme gibt es auch für Menschen mit Depressionen Selbsthilfegruppen. Diese zeichnen sich dadurch aus, dass sich in ihnen Menschen mit ähnlichen Beschwerden und Problemen treffen, meist ohne professionelle Anleitung. In den Gruppen bietet sich Ihnen die Möglichkeit, sich mit Betroffenen über Ihre Krankheit auszutauschen. Das hat den Vorteil, dass Sie von den Erfahrungen anderer profitieren und Ihre eigenen Erkenntnisse weitergeben können. Zudem kann es helfen, das Gefühl der sozialen Isolation zu verringern, das mit Depressionen oftmals einhergeht (Laux & Wolfersdorf, 2022).

In einer Selbsthilfegruppe können Sie sich wechselseitig unterstützen und Halt geben. Im optimalen Fall stellt Ihnen eine solche Gruppe einen geschützten Raum zur Verfügung, der es Ihnen ermöglicht, Sie selbst zu sein und Ihre Gefühle und Gedanken zum Ausdruck zu bringen. Außerdem bietet eine Gruppe die Chance, aktiv zu werden und der erlebten Passivität, die oftmals mit der Krankheit einhergeht, etwas entgegenzusetzen.

> Wie bei allen ergänzenden Maßnahmen versteht es sich, dass auch eine Selbsthilfegruppe keinen Ersatz für andere Therapien darstellt, insbesondere nicht bei schweren Depressionen.

Holen Sie sich jede Hilfe, die Sie brauchen, damit es Ihnen bald wieder besser geht. Probieren Sie aus, was für Sie persönlich die sinnvollsten Maßnahmen in der optimalen Kombination sind. Kontaktdaten für Selbsthilfegruppen finden Sie im Internet und am Ende des Buchs unter dem Kapitel *Anlaufstellen und Internetadressen*. Prüfen Sie auf jeden Fall, ob eine solche Gruppe eher eine Unterstützung oder unter Umständen eine zusätzliche Belastung für Sie darstellt. Auch hier gilt es wieder, dass Sie in sich hineinhorchen und achtsam mit sich und Ihren Bedürfnissen umgehen.

3.4 Selbsthilfegruppen bei Depressionen

Stellen Sie sich vor, wie es wäre, eine Selbsthilfegruppe zu besuchen. Notieren Sie alle Ihre Hoffnungen und Wünsche sowie Ihre Befürchtungen und Sorgen.

Vielleicht haben Sie auch schon einmal eine Gruppe besucht und möchten Ihre Erfahrungen schriftlich festhalten.

4

Schreibpraxis pur

Im Verlauf des Buches haben Sie bereits einige Schreibübungen absolviert. Nun soll es in diesem Kapitel aber noch einmal explizit um Ihre Schreibpraxis gehen und darum, wie Sie mit Hilfe des Schreibens einen guten Umgang mit Ihren Beschwerden und Problemen finden können.

Weil es beim therapeutischen Schreiben auch um Sinnfindung, Orientierung und Lebensausrichtung geht, um Würde und Respekt, Wachstum und Veränderung sowie Konstanz und Kohärenz werden wir uns schreibend allen diesen Themen annähern und mittels einiger wesentlicher Fragen vielleicht zu Antworten kommen, die Sie auf Ihrem Weg unterstützen können.

> Auch und gerade in diesem Praxisteil gilt wieder, dass die Übungen nur Angebote sind und Sie auswählen. Setzen Sie sich dabei bitte nicht unter Druck. Nehmen Sie sich die Zeit, die Sie brauchen.

Vielleicht machen Sie nur ein Kapitel pro Woche oder auch pro Monat, damit Sie die Erkenntnisse erst einmal in Ruhe verarbeiten können. Selbst, wenn Sie niemals eine Übung aus diesem Buch machen sollten, bin ich mir sicher, dass bereits das Lesen der Übungen und Hintergründe einiges in Ihrem Geist in Gang setzt.

4.1 Kleine Inventur

Bevor man aufbricht und sich in eine Richtung bewegt oder Entscheidungen trifft, wie es weitergeht, ist es wichtig, festzustellen, wo man aktuell steht. Denn nur auf diese Weise gelingt es Ihnen, Ihren reichen Erfahrungsschatz zu nutzen und das, was gut funktioniert, in Ihr Repertoire zu übernehmen, während Sie das, was Ihnen schadet, möglichst unterlassen. Deswegen sehen wir uns zunächst an, was in Ihrem Leben bisher passiert ist und woran Sie vielleicht anknüpfen können.

Denn auch wenn Sie in einer depressiven Episode vielleicht das Gefühl haben, dass Ihnen nichts so richtig Freude bereitet und Sie kein Interesse für irgendetwas verspüren, hat es in Ihrem Leben doch sicher einmal Dinge gegeben, die Ihnen Spaß gemacht haben oder denen Sie sich mit Leidenschaft gewidmet haben.

Obwohl Sie sich in einer depressiven Phase vielleicht nur schwer vorstellen können, erneut Interesse für Ihre alten Hobbys und Leidenschaften aufzubringen oder etwas Neues zu finden, das Sie erfüllt, kann es helfen, einige Dinge noch einmal auszuprobieren und eine Zeit lang durchzuhalten, bevor Sie diese endgültig verwerfen. Zudem kommen Ihnen bei der Ausübung dieser Aktivitäten vielleicht neue Ideen, was Sie sonst machen könnten, um wieder ein lebendigeres und leidenschaftlicheres Lebensgefühl zu erlangen.

Wichtig erscheint mir, dass Sie Ihre Erwartungen nicht allzu hochschrauben. Wenn Sie in einer Phase sind, in der es Ihnen nicht gut geht, werden Sie kein Feuerwerk erleben, egal, was Sie unternehmen.

> Zunächst geht es nur darum, überhaupt wieder etwas aktiver zu werden und sich auf die Suche zu begeben, um in einem zweiten Schritt wieder mehr Energie zu spüren und Ideen zu entwickeln, um aus dem Teufelskreis der Passivität auszusteigen.

Weil es verdammt schwer ist, sich zu motivieren, wenn man nicht weiß wofür, ist es zentral, dass Sie neue Perspektiven entwickeln, die sich sowohl aus dem Hier und Jetzt speisen als auch in der Auseinandersetzung mit bisherigen Aktivitäten.

Gibt es so etwas wie rote Fäden in Ihrem Leben? Dinge, die Sie seit Ihrer Kindheit oder frühen Jugend gemacht haben? Etwas, das für Sie zentral war oder noch immer ist? Erstellen Sie eine Liste aller Dinge, die sich wie rote Fäden durch Ihr Leben ziehen. Sehen Sie sich die Liste in Ruhe an und markieren die Dinge, die Sie in naher Zukunft noch einmal ausprobieren möchten.

Wenn von roten Fäden die Rede ist, sprechen wir immer auch von Zusammenhängen und dem Verstehen dieser Zusammenhänge. Auf welche Weise sind die einzelnen Erlebnisse unseres Lebens miteinander verbunden? Was sind und waren Ursachen und Wirkungen? Welche Konsequenzen hatten bestimmte Ereignisse und Entscheidungen? Wie sind wir an den Punkt gelangt, an dem wir aktuell stehen?

Das sind Fragen, die sich uns aufdrängen, wenn wir über unser Leben nachdenken. Antonovsky (1997) spricht vom Gefühl der Kohärenz und versteht darunter die Überzeugung eines Menschen, inwiefern er die Anforderungen in seinem Leben als versteh- und bewältigbar erlebt und die Auseinandersetzung damit als sinnvoll begreift.

In verschiedenen Studien hat sich gezeigt, dass Menschen mit einem hohen Kohärenzgefühl über mehr Bewältigungsressourcen verfügen und eine geringere Stressreaktion zeigen als Menschen mit einem niedrigen Kohärenzerleben (Heimes, 2012).

Erklärbarkeit und Sinnerleben scheinen also eine wichtige Rolle für unsere Psyche zu spielen, so dass wir davon ausgehen können, dass es zu unserer Gesundheit beiträgt, wenn wir uns unseren Lebensweg erklären können und Bedeutung, Sinn und Zusammenhang in den Ereignissen finden, die wir bisher erlebt haben.

Welches waren wichtige Wendepunkte in Ihrem Leben? Beschreiben Sie, wie es dazu kam und wie leicht oder schwer Ihnen die damit einhergehenden Veränderungen gefallen sind. Nehmen Sie für jeden Wendepunkt einen eigenen Zettel und notieren, welche Konsequenzen die Veränderungen für Ihr Leben hatten.

Welche Wendepunkte in Ihrem Leben muteten zunächst negativ an und stellten sich später als großes Glück heraus? Was hat Sie zuerst annehmen lassen, es handele sich um ein Unglück und was hat dazu geführt, dass Sie Ihre Meinung geändert haben? Schreiben Sie auch hier zu jedem Punkt einen eigenen Text.

Zentrale Merkmale einer Depression sind in vielen Fällen eine ausgeprägte Müdigkeit sowie eine große Erschöpfung. Natürlich ist es schwierig, Energie für etwas aufzubringen, das man sich nicht einmal vorstellen kann. Deswegen ist es hilfreich, trotz Müdigkeit und Interesselosigkeit mit Ideen zu spielen und auf dem Papier Szenarien zu entwickeln, für die es sich lohnen könnte, Energie bereitzustellen.

Beginnen Sie einen Text mit dem folgenden Halbsatz: »Wenn ich nicht so müde wäre, würde ich ...« Notieren Sie alles, was Ihnen einfällt, egal, ob es realistisch erscheint oder nicht.

In einer depressiven Phase tendiert man dazu, die Negativbrille aufzusetzen. Obwohl das verständlich ist, wage ich zu sagen, dass es in jedem Leben zu jedem Zeitpunkt etwas gibt, das gut ist und das es zu erhalten gilt.

Was ist in Ihrem Leben aktuell gut und darf so bleiben? Notieren Sie alles, was Ihnen einfällt, ohne Zensur oder eine bestimmte Reihenfolge. Sortieren können Sie später, ebenso wie Sie jederzeit etwas streichen oder ergänzen können.

4.2 Assoziative Schreibübungen

Manchmal stehen wir uns mit unserem Verstand selbst im Weg. Wir versuchen möglichst nüchtern und sachlich zu eruieren, was gerade los ist, was wir brauchen und wünschen und bemühen uns darum, dies gegen die Notwendigkeiten abzuwägen, gegen das *Muss*. Oder wir führen Pro- und Contra-Listen und verlieren unsere Gefühle aus den Augen, die bei allen Entscheidungen und vor allem bei der Umsetzung unserer Pläne jedoch eine zentrale Rolle spielen. Denn wenn Sie innerlich einen Widerstand gegen etwas verspüren, das Sie rational vielleicht für sinnvoll halten, dürfte es schwer werden, das umzusetzen, da eine innere Kraft dagegenhält.

Weil unser Verstand ein mächtiges, über die Lebensjahre hinweg extrem gut trainiertes »Instrument« ist, ist es mitunter schwierig, ihn vom »Einmischen« abzuhalten, um tiefere, eher unbewusste oder vorbewusste Anteile zur Sprache kommen zu lassen. Allerdings gibt es ein paar Methoden, mit denen wir uns Zugang zu diesen psychischen Tiefenschichten verschaffen können.

> Eine Möglichkeit, um an die Wurzeln unserer kreativen Kraft zu kommen, ist das assoziative Schreiben, das auf der freien Assoziation beruht, die Sigmund Freud in der Psychoanalyse praktiziert hat.

Dabei soll der Patient sagen, was ihm gerade in den Sinn kommt. Ein Gedanke ergibt den nächsten, ein Wort das folgende. Das Ganze muss weder einen Sinn ergeben noch einen nachvollziehbaren Zusammenhang haben. Es geht lediglich darum, Assoziationsketten zu bilden. Was Freud für das therapeutische Gespräch entwickelt hat, können wir uns im therapeutischen Schreiben zunutze machen. Wichtig ist, dass wir beim Schreiben den inneren Zensor so gut es geht ausschalten und stattdessen unsere Assoziationskraft wirken lassen.

4 Schreibpraxis pur

Schreiben Sie die Buchstaben Ihres Vor- und Nachnamens untereinander. Notieren Sie hinter jedem Buchstaben das erste Wort, das Ihnen einfällt. Dann schreiben Sie einen Text, in dem alle diese Worte vorkommen. Die Reihenfolge der Worte spielt keine Rolle, auch können die Worte mehrfach auftauchen. Lesen Sie den Text danach in Ruhe durch und überlegen, ob und was das Geschriebene mit Ihnen und Ihrer aktuellen Situation zu tun haben könnte.

Beginnen Sie Ihre Texte mit einfachen Halbsätzen und lassen sich von diesen weiterleiten, wohin Ihre Assoziationskraft und Phantasie Sie auch immer tragen mag. Entweder Sie arbeiten wiederholt mit denselben Halbsätzen oder nehmen immer neue. Solche Halbsätze könnten beispielsweise lauten:

- *»Als ich heute Morgen erwachte ...«*
- *»Auf dem Weg nach Hause ...«*
- *»Wenn ich in mich hineinlausche ...«*

Eine andere Methode, die unsere Kreativität weckt, ist das automatische Schreiben, das von den Surrealisten, allen voran André Breton (1986), ins Leben gerufen und praktiziert wurde. Andere Begriffe, die in diesem Zusammenhang auftauchen und weitgehend dasselbe meinen, sind imaginatives und intuitives Schreiben sowie freies Schreiben (Freewriting).

Bei allen diesen Methoden geht es darum, dass Sie Ihre Gedanken und Gefühle so spontan und ungehemmt wie möglich zum Ausdruck bringen. Die Techniken sollen Ihnen dabei helfen, sich in einen möglichst passiven Zustand zu versetzen und so Ihren inneren Zensor auszuschalten.

Schreiben Sie genau fünf Minuten lang. Halten Sie nicht inne, lesen nicht nach und korrigieren nicht. Entscheidend ist, dass Sie den Stift über das Papier gleiten lassen, ohne aufzuhören, ohne abzusetzen. Beginnen Sie mit dem ersten Wort, das Ihnen einfällt und lassen sich von Ihrem Stift leiten.

4.3 Imaginative Schreibübungen

Imagination ist die Fähigkeit, Ideen und Bilder zu entwickeln oder zu erinnern, die physisch nicht vorhanden sind. Es ist das Vermögen, bei wachem Bewusstsein mittels Phantasie innere Bilder zu generieren. Durch das Erleben der mit diesen Bildern gekoppelten Gefühle lassen sich innere Prozesse in Gang setzen, durch die vorbewusste Inhalte ins Bewusstsein geholt werden.

Lassen wir uns auf die Phantasie ein, wenden wir uns ganz nach innen und erfahren Dinge, die uns mit dem reinen Verstand unter Umständen nicht zugänglich sind.

Unsere Imagination vermag Strukturiertes in Unordnung sowie vermeintliche Gewissheiten ins Wanken zu bringen, so dass wir gezwungen sind, Dinge neu zu denken und zusammenzusetzen, um neue Perspektiven zu gewinnen. Unsere Phantasie erlaubt es uns, Zeit und Raum zu verlassen, so dass wir Vergangenes als Künftiges denken können und umgekehrt. Sie erlaubt es uns, die Grenzen der realen Welt zu überschreiten, um neue Erfahrungen zu machen und ungewohnte Deutungen vorzunehmen, die es uns wiederum erlauben, eingefahrene Muster zu verlassen und neue auszuprobieren und zu etablieren, sofern sie uns günstig erscheinen.

Stellen Sie sich vor, Sie sitzen an einem Fluss. Es kann ein bekannter oder imaginierter Fluss sein. Vom Ufer ragen Gräser und Wurzeln ins Flussbett, in dem bemooste Steine liegen. Auf dem Wasser treiben Blätter und Holzstücke, am Ufer schweben Insekten. Beobachten Sie, wie das Wasser in jeder Minute in seinem ganz eigenen Rhythmus fließt. Lassen Sie Ihre Gedanken treiben wie die Blätter auf dem Wasser und fangen irgendwann an zu schreiben. Lassen Sie den Stift absichtslos übers Papier gleiten und beobachten, wohin das Schreiben Sie führt.

Stellen Sie sich vor, Sie befinden sich auf einer Wanderung und kommen an einen Platz zum Ausruhen. Sie legen Ihr Gepäck ab und setzen sich. Der Rucksack steht neben Ihnen, Ihre Schultern und Ihr Nacken entspannen sich. Prüfen Sie jedes Gepäckstück daraufhin, ob Sie es für Ihre weitere Wanderung noch benötigen und packen nur das wieder ein, was Sie wirklich brauchen. Schreiben Sie darüber, wie es Ihnen damit geht.

Schließen Sie die Augen und stellen sich eine Farbe vor. Sie sind in einem Raum ganz in dieser Farbe. Der Boden, die Wände und die Decke sind in dieser Farbe. Fragen Sie sich, welches Gefühl das in Ihnen auslöst. Ist die Farbe warm oder kalt? Hat sie einen Geruch oder Geschmack? Welche Erinnerungen und Gedanken ruft die Farbe hervor? Bleiben Sie ein paar Atemzüge lang in dem Raum Ihrer Farbe sitzen. Dann öffnen Sie die Augen und schreiben, was Sie erlebt, gefühlt und gedacht haben.

4.4 Werte und Einstellungen

Werte und Einstellungen spielen eine wichtige Rolle in unserem Leben. Sie können als Fixsterne verstanden werden, die uns dabei helfen, uns auszurichten. Während sich Wünsche und Sehnsüchte im Verlauf unseres Lebens verändern, sind Werte und Einstellungen weitgehend stabil und werden bereits in unserer Kindheit und Jugend angelegt. Dennoch sind wir auch in Hinblick auf unsere Werte und Einstellungen lebenslang in der Lage, uns zu verändern. Das bietet uns die Möglichkeit, unsere Zukunft zu gestalten, ohne ausschließlich in der Vergangenheit verhaftet zu bleiben.

Der Dalai Lama bezeichnet Werte wie Güte, Freundlichkeit und Mitgefühl als Grundspiritualität, weil sie darauf abzielen, den Humanismus zur individuellen und gesamtgesellschaftlichen Wirklichkeit werden zu lassen (http://de.dalailama.com).

> Obwohl solche grundlegenden Werte und die damit verbundenen moralischen Vorstellungen unsere persönlichen Werte mitbestimmen, entbindet uns das nicht von der Pflicht, unsere eigenen Werte immer wieder zu hinterfragen und zu verwerfen bzw. zu ergänzen, sofern wir das für nötig halten.

Denn auch wenn Werte ein zentraler Bestandteil sozialer Normen und Handlungen sind und unsere Sozialisation sowie die Kultur, in der wir aufwachsen, bei ihrer Entwicklung eine große Rolle spielen, müssen wir unsere persönlichen Werte lebenslang selbst weiterentwickeln und an unsere jeweilige Lebenssituation anpassen. Das Problem ist, dass das System unserer Werte nicht immer widerspruchsfrei ist, so dass einzelne Werte manchmal miteinander kollidieren und wir gezwungen sind, Prioritäten zu setzen. Und weil uns unsere Werte und Einstellungen nicht immer völlig bewusst sind, lohnt es sich, dass wir uns diese von Zeit zu Zeit schreibend vergegenwärtigen.

Was sind Ihre Werte und Prioritäten? Was halten Sie für unverzichtbar, um Glück und Erfüllung im Leben zu finden?

Haben sich Ihre Werte und Prioritäten im Lauf Ihres Lebens verändert? Beschreiben Sie, was sich auf welche Weise geändert hat und ob es dafür einen Anlass gab. Denken Sie dabei sowohl an äußere als auch innere Umbrüche.

Was bedeutet Gerechtigkeit für Sie? Was empfinden Sie und wie reagieren Sie, wenn Sie ungerecht behandelt werden?

Was ist Ihnen wichtig? Gibt es etwas, das Sie sich zur Aufgabe in Ihrem Leben gemacht haben?

Welche Sätze haben Sie in Ihrer Kindheit oder Jugend gehört, die einen starken Einfluss auf Sie hatten und vielleicht noch immer haben? Wer hat diese Sätze zu Ihnen gesagt? Welche alternativen Sätze könnte es geben?

4.5 Eigenschaften und Verhaltensweisen

Wir alle haben Stärken und Schwächen. Charaktereigenschaften, die wir mögen und solche, mit denen wir hadern. Leider ist es oft so, dass uns unsere Schwächen und die weniger geliebten Eigenschaften bewusster sind als unsere liebenswerten Seiten und Stärken. Häufig nehmen wir das, was uns gut gelingt, als selbstverständlich, während wir das, was schiefgeht, auf unsere mutmaßliche Unfähigkeit zurückführen. Und oftmals versuchen wir dann auch

4.5 Eigenschaften und Verhaltensweisen

noch, unsere vermeintlichen Schwächen zu beseitigen, als wären sie etwas, das nicht zu uns gehört oder nicht zu uns gehören sollte.

Natürlich ist es unsinnig, Schwächen in Stärken ummünzen zu wollen, aber es geht um eine faire Einschätzung unserer Person, mit all unseren Stärken und Schwächen. Darum, einen gerechten Blick auf das zu werfen, was uns gelingt und das, was uns nicht gelingt. Nur so können wir das vermehren, was funktioniert und akzeptieren, was schwierig ist. Dabei geht es also nicht nur darum, unsere Stärken zu erkennen und zu nutzen, sondern uns zugleich mit unseren Schwächen auszusöhnen und zu akzeptieren, dass wir, wie alle Lebewesen, nicht perfekt sind.

> Akzeptanz meint dabei nicht, dass wir alle Dinge gutheißen, sondern nur, dass wir anerkennen, dass sie in diesem Augenblick sind, wie sie sind, auch wenn das möglicherweise unangenehme Gefühle hervorruft.

Sobald wir die Gelassenheit entwickeln, unsere Schwächen für den Moment anzunehmen und auszuhalten, gewinnen wir Spielraum, der es uns in einem zweiten Schritt ermöglicht, notwendige und mögliche Veränderungen in Ruhe anzugehen. Nur, indem wir uns selbst in allen Facetten erforschen und in der Welt immer wieder neu verorten und unsere Gedanken und Gefühle artikulieren, werden wir uns unserer eigenen Person in umfassender Weise gewahr.

Wie wir uns verhalten, hängt von unseren Erwartungen ab. Halten wir uns beispielsweise für ohnmächtig, sind wir es oft auch, ganz im Sinne einer sich selbst erfüllenden Prophezeiung. Konzentrieren wir uns hingegen auf unsere Stärken, werden wir erfolgreicher sein.

Gerade in krisenhaften Situationen betrachten wir jedoch alles, was uns nicht gelingt, wie durch ein Brennglas und schreiben es unserem Unvermögen zu, was negative Folgen für unser Selbstwertgefühl hat. In diesen Phasen ist es also besonders wichtig, dass wir uns unserer positiven Eigenschaften wieder bewusst werden und uns selbst so beurteilen, wie wir einen guten Freund oder eine gute Freundin beurteilen würden.

Notieren Sie alle Eigenschaften, die Sie an sich mögen. Nehmen Sie sich dafür so viel Zeit, wie Sie brauchen. Danach nehmen Sie ein neues Blatt und notieren alle Eigenschaften, die Sie nicht mögen. Legen Sie beide Blätter nebeneinander, vergleichen die Länge der Listen und schreiben etwas über die Eindrücke, die beide Listen sowie ihr Vergleich in Ihnen hervorrufen.

Notieren Sie alle Eigenschaften, die andere Menschen an Ihnen mögen oder schätzen. Nehmen Sie sich auch hierfür so viel Zeit, wie Sie brauchen. Lassen Sie den Text eine Weile liegen, lesen ihn dann wieder und schreiben, was für Gefühle und Gedanken er in Ihnen hervorruft.

Notieren Sie die Namen von drei Menschen, die in Ihren Augen liebevolle und wärmende Qualitäten besitzen. Beschreiben Sie, welche Eigenschaften Sie an diesen Personen besonders schätzen. Finden Sie einige der Eigenschaften und Qualitäten vielleicht auch bei sich selbst?

Stellen Sie sich ein Museum vor. An einer Wand hängen Bilder, die die Glanzmomente Ihres Lebens zeigen. An der gegenüberliegenden Wand Bilder, die Momente Ihres Lebens widerspiegeln, mit denen Sie nicht zufrieden waren. Fertigen Sie eine Liste der Bilder auf beiden Wandseiten an und geben ihnen Titel. Wählen Sie aus jeder Liste das Bild, das Sie aktuell am meisten anspricht und schreiben einen Text dazu, also einen Text zu einem Bild, das einen Glanzmoment zeigt und einen zu einem Bild, auf dem Sie nicht so gut dastehen. Legen Sie die Texte zunächst wieder beiseite und lesen Sie diese erst nach einiger Zeit wieder und fragen sich, was diese in Ihnen auslösen.

Schreiben Sie über Licht und Dunkelheit. Was bedeutet Licht für Sie? Was Dunkelheit? Beschreiben Sie, ob Sie sich in der Dunkelheit eher ängstigen oder geborgen fühlen. Schreiben Sie über verschiedene Arten von Dunkelheit und wo und wann Sie damit konfrontiert waren oder sind. Dann verfahren Sie analog mit dem Thema Licht. Danach schreiben Sie über Ihre eigenen Licht- und Schattenseiten.

4.6 Bedürfnisse und Wünsche

Wir alle sind auf eine Weise geprägt, dass wir oftmals so funktionieren, wie man es von uns erwartet oder wie wir denken, dass es von uns erwartet wird. Dabei können die eigenen Bedürfnisse leicht in den Hintergrund geraten, vor allem bei Menschen, die sehr hilfsbereit und zugleich eher perfektionistisch veranlagt sind.

Zudem werden wir häufig so sehr von unseren Aufgaben und Pflichten vereinnahmt, dass wir darüber ganz vergessen, was wir brauchen, um gesund zu bleiben und uns wohlzufühlen. Das gilt für unseren Alltag ebenso wie für größere Lebensentwürfe.

> Um einen guten Umgang mit uns selbst zu finden, müssen wir allerdings unsere wahren Bedürfnisse kennen.

Deswegen möchte ich Sie in dem Kapitel einladen, Ihre Bedürfnisse und Wünsche wieder etwas besser kennenzulernen und ernst zu nehmen.

4 Schreibpraxis pur

Gibt es etwas, das Sie aktuell in Ihrem Leben vermissen? Was ist das? Was bräuchten Sie, um sich vollständig und lebendig zu fühlen?

Was würden Sie machen, wenn Sie von allen Verpflichtungen und Geldnöten befreit wären?

Um sich dem Thema noch weiter anzunähern, finde ich die Ideen von Abraham Maslow (1943) hilfreich. Der Psychologe versteht Bedürfnisse als Motivation für Verhalten und geht davon aus, dass ein Bedürfnis so lange das Verhalten eines Menschen bestimmt, bis es befriedigt ist. Erst dann ist er in der Lage, sich dem nächsten Bedürfnis zuzuwenden. Um die menschlichen Bedürfnisse besser zu erfassen, hat er eine fünfstufige Pyramide entwickelt.

Auf der ersten Stufe der Maslowschen Bedürfnispyramide stehen Grundbedürfnisse. Diese werden weitgehend durch den Körper bestimmt, wie etwa das Bedürfnis nach Nahrung und Schlaf. Auf der zweiten Stufe steht das Bedürfnis nach Sicherheit. Hierzu zählen sowohl Gewohnheiten, die Sicherheit vermitteln als auch materielle und finanzielle Sicherheiten. Auf der dritten Stufe finden sich soziale und auf der vierten individuelle Bedürfnisse, wie etwa der Wunsch nach Anerkennung und Wertschätzung. Die letzte Stufe beschreibt das Bedürfnis nach Selbstverwirklichung.

Natürlich handelt es sich bei dieser Pyramide um ein stark vereinfachtes Modell. Dennoch vermittelt es einen Überblick, der uns dabei unterstützen kann, eigene Ideen zu entwickeln. Zwar hat Maslow die Pyramide später selbst noch erweitert, aber für uns reicht die skizzierte Version als Impulsgeber.

4.6 Bedürfnisse und Wünsche

Erstellen Sie Ihre eigene Bedürfnispyramide mit so vielen Stufen, wie Sie brauchen. Die Basis bilden Bedürfnisse, die absolute Priorität für Sie haben und an der Spitze stehen Bedürfnisse, deren Befriedigung Luxus für Sie ist. Schreiben Sie zu jeder Stufe einen Absatz und nennen konkrete Beispiele, wie das jeweilige Bedürfnis befriedigt werden könnte.

Für die Befriedigung welcher Ihrer Bedürfnisse wollen Sie in der nahen Zukunft eintreten? Wo und auf welche Weise wollen Sie damit anfangen?

Wünsche und Träume sind ebenfalls gute Ressourcen für unser Leben, weil sie einen motivierenden Einfluss auf uns haben können. Meist unterscheiden wir dabei nicht so genau, ob es sich um Wünsche, Sehnsüchte oder Träume handelt. In den meisten Fällen lässt sich das auch nicht exakt unterscheiden und ist auch nicht erforderlich. Denn ähnlich wie Werte als Fixsterne dienen können, sind Wünsche, Sehnsüchte und Träume ebenfalls dazu geeignet, uns zu aktivieren und auszurichten.

Lange herrschte der Glaube, Träume seien verschlüsselte Botschaften von Göttern oder Dämonen. Zahlreiche Philosophen, Theologen, Psychologen und Forscher haben sich mit Träumen beschäftigt, sowohl mit denen in der Nacht als auch mit denen am Tag. Obwohl das Phänomen der Träume bis heute nicht hinreichend geklärt ist, gilt es als gesichert, dass alle Menschen träumen und seelische sowie körperliche Störungen erleiden, sofern man sie daran hindert (Kalben, 2021).

Die Meinungen, wofür Träume eigentlich gut sind, gehen hingegen bis heute auseinander. Während Sigmund Freud, der Vater der Psychoanalyse, Träume als Königsweg zum Unterbewusstsein bezeichnete, gibt es Forscher, die sie als Abfallprodukt des Gehirns begreifen.

> Unstrittig ist, dass unser Gehirn im Traum ausgesprochen aktiv ist und unsere Augen sich schnell bewegen, was den Traumphasen den Namen REM-Phasen (*rapid eye movement*) eingebracht hat.

Ähnlich wie bei den Träumen in der Nacht scheiden sich die Geister auch, wenn es um Tagträume geht. Während Freud sie als unnütz und schädlich bezeichnete, da sie hysterische Beschwerden hervorrufen können, fand der Psychologe Jonathan Schooler heraus, dass beim Tagträumen ähnliche Netzwerke im Gehirn aktiv sind wie bei der Selbstreflexion und kreativen Tätigkeiten (Heimes, 2014).

Da Träume viel mit Glücksvorstellungen zu tun haben, an dieser Stelle auch ein paar Worte zum Thema Glück: Obwohl das Streben nach Glück als individuelles Freiheitsrecht sogar Einzug in die Unabhängigkeitserklärung der Vereinigten Staaten erlangt hat, ist es etwas, das sich weder verordnen noch garantieren und auch nur schwer erfassen lässt. Je nachdem, wie man es definiert, rangieren Bangladesch und Aserbaidschan oder Dänemark und Schweden auf den vorderen Plätzen der Länder, in denen die Menschen am glücklichsten sind. Manche Ranglisten, wie etwa der *World Happiness Report*, der 2012 zum ersten Mal herausgegeben wurde, fragen Parameter wie Lebenszufriedenheit und psychische Gesundheit ab (World Happiness Report, 2022). Andere, wie beispielsweise der *Better Life Index*, versuchen Bedingungen zu nennen, unter deren sich kollektives Glück und allgemeine Zufriedenheit entwickeln können (OECD, 2020). Und der ökologisch ausgerichtete *Happy Planet Index* rechnet auch noch die Kosten des Naturverbrauchs sowie das Artensterben in den Glückszustand der Bevölkerung eines Landes ein (Wellbeing Economy Alliance, 2021).

> Obwohl Glück also von der Definition und Perspektive abhängt, gibt es Faktoren, die es fördern, wobei man zwischen Glück als dauerhafter Erscheinungsform und momentanem Glückserleben unterscheidet.

4.6 Bedürfnisse und Wünsche

Ein Faktor für das dauerhafte Glück sind beispielsweise die Beziehungen zu anderen Menschen und deren Zuwendungen, durch die wir erfahren, dass wir ein wertvoller und geliebter Mensch sind. Ein weiterer Schlüssel zum Glück liegt in der Möglichkeit der Selbstbestimmung. Je aktiver wir unser Leben in die Hand nehmen und je mehr Einfluss wir darauf haben, umso glücklicher sind wir. Und auch Offenheit und Neugier tragen zu unserem Glück bei (BR Wissen, 2018; Heimes, 2014).

Was sind Ihre Wünsche? Wonach sehnen Sie sich?

Schreiben Sie einen Brief an einen guten Freund oder eine gute Freundin, in dem es um Ihre Wünsche und Träume geht. Schreiben Sie, was Sie sich wünschen und erträumen, was Sie vielleicht schon immer einmal machen wollten, bisher aber nicht umgesetzt haben. Schreiben Sie über die Leidenschaften Ihres Lebens, darüber, wie Sie diese bisher in Ihr Leben integriert haben und wie Sie das in Zukunft machen wollen.

Erinnern Sie sich an glückliche Augenblicke Ihrer Kindheit. Welche waren das? Was war besonders? Wären diese Momente des Glücks auch heute für Sie noch vorstell- und erreichbar?

In welchen Situationen verspüren Sie das Glück des Augenblicks?

4.7 Ressourcen und Potentiale

In zahlreichen therapeutischen Ansätzen und humanistischen Weltanschauungen existiert die Idee, dass jeder Organismus die Fähigkeit in sich trägt, sich selbst zu entfalten und seine Ressourcen zu vergrößern, sofern die Rahmenbedingungen das zulassen. Das dieser Annahme zugrundeliegende Menschenbild basiert auf der Vorstellung, dass sich der Mensch in einem beständigen Veränderungsprozess befindet und sich stets weiterentwickelt. In dem Prozess, der sich in Wechselwirkung zur Umwelt vollzieht, entfaltet eine Person die Fähigkeiten, die sie braucht, um Vertrauen in sich selbst zu gewinnen, offen für Erfahrungen und Veränderungen zu sein und Beziehungen zu gestalten.

Entsprechend dieser Theorie bin auch ich davon überzeugt, dass ein Mensch alles zu seiner Heilung Notwendige bereits in sich trägt und selbst am besten in der Lage ist, seine persönliche Situation zu analysieren sowie Lösungen für seine Probleme zu erarbeiten. Dabei könnte man unter dem Begriff »Ressourcen« Fähigkeiten verstehen, die es ermöglichen, Dinge zu tun, die dazu beitragen, dass sich das Leben leichter bewältigen lässt.

> Jeder Mensch verfügt über eine Palette von Fähigkeiten, die ihm das Überleben ermöglichen.

Zuweilen ist der Blick auf diese Potentiale allerdings verstellt. Entweder durch zu hohe Anforderungen oder durch emotional Belastungen oder weil das Augenmerk eher auf die Defizite und Schwächen, denn auf die Stärken gelenkt wird. Deswegen ist es gerade in diesen Phasen besonders wichtig, sich seiner Fähigkeiten und Möglichkeiten wieder bewusst zu werden.

Dafür ist es hilfreich, seine Fähigkeiten aufzuschreiben, weil man auf diese Weise einen guten Überblick bekommt und das Geschriebene immer wieder zur Hand nehmen, verinnerlichen und ergänzen

4.7 Ressourcen und Potentiale

kann. Dabei dürfen Sie den Begriff der »Ressourcen« ruhig weit fassen. Zu unseren Ressourcen gehören zum Beispiel auch solche, die es ermöglichen, ein soziales Netz aufzubauen und aufrechtzuerhalten oder eine Familie zu gründen und in ihr zu leben. Auch um etwas zu bitten und es anzunehmen, stellt eine Fähigkeit dar, über die nicht jeder Mensch in gleicher Weise verfügt, die bei der Lösung von Problemen jedoch ausgesprochen hilfreich sein kann.

In jedem Fall lohnt es sich, sich seine Ressourcen von Zeit zu Zeit anzusehen und daraufhin zu prüfen, ob sie in der aktuellen Situation möglicherweise hilfreich sein könnten und ob sie einem zur Verfügung stehen. Vielleicht auch in leicht modifizierter Weise. Denn wer einmal Probleme gelöst hat, kann es wieder. Wer einmal problemarme Zeiten hatte, kann diese wiederherstellen.

Notieren Sie in einem ersten Schritt alle Ihre Fähigkeiten. Greifen Sie dabei ruhig auf Ihre Notizen aus den vorherigen Übungen zurück. Dann ergänzen Sie die Liste um Fähigkeiten, die Sie einmal hatten und von denen Sie nicht sicher sind, ob sie Ihnen aktuell noch zur Verfügung stehen. Zuletzt notieren Sie, welche Fähigkeiten Sie aktuell noch bräuchten, damit es Ihnen gut geht und woher Sie diese beziehen könnten.

Notieren Sie, was Ihnen bisher in Ihrem Leben geholfen hat, mit schwierigen Situationen und Gefühlen umzugehen. Nehmen Sie eine Karteikarte oder einen kleinen Zettel und übertragen alles, was Sie von Ihren Problemlösefähigkeiten aktuell gebrauchen könnten. Tragen Sie die Karte oder den Zettel bei sich und erweitern und verfeinern Sie Ihre Notizen, so dass Sie diese wie eine Art Notfallzettel bei sich tragen können.

Welche Ereignisse haben Sie in der Vergangenheit gestärkt? Verfahren Sie auch in dieser Übung zunächst assoziativ und notieren alles, was Ihnen an stärkenden Augenblicken einfällt. Dann lassen Sie das Geschriebene auf sich wirken, wählen eines der notierten Ereignisse aus und schreiben Sie einen Text dazu. Wie fühlen Sie sich nach dem Schreiben?

Schreiben Sie über einen guten Freund oder eine gute Freundin. Notieren Sie, seit wann sie sich kennen und wie sie sich kennengelernt haben. Was verbindet sie? Welches Potential bietet diese Freundschaft, sofern sie noch besteht?

4.8 Perfektionismus und Scheitern

In einer Depression befindet sich das Selbstwertgefühl oft auf einem Tiefpunkt. Das Gefühl des Versagens und Scheiterns nimmt häufig einen so großen Raum ein, dass wir dabei oft übersehen, was alles trotz der Krankheit noch immer funktioniert. Es war bereits die Rede davon, dass Menschen, die unter Depressionen leiden, oft sehr hohe Ansprüche an sich selbst haben und einen Hang zum Perfektionismus.

Obwohl es keine einheitliche Definition für Perfektionismus gibt, kann darunter ein extremes Streben nach einem hohen Maß an Vollendung verstanden werden. Oft verbunden mit dem beinahe zwanghaften Drang, Fehler zu vermeiden. Bei Menschen mit einem hohen Grad an Perfektionismus kann das sogar so weit gehen, dass der gesamte Alltag von der Bemühung durchzogen ist, nur nichts falsch zu machen (Möller & Samsel, 2015).

4.8 Perfektionismus und Scheitern

Das zwanghafte Vermeiden von Fehlern, in Kombination mit einer überzogenen Leistungserwartung, sowie der Kontrolle der eigenen Person und Handlungen ist allerdings sehr anstrengend und zudem nur selten von Erfolg gekrönt, weil wir alle Fehler machen, so dass Menschen mit perfektionistischen Zügen häufig an ihre körperlichen und psychischen Grenzen stoßen. Werden die überhöhten Ziele nicht erreicht, geht das oft mit dem Gefühl der Unzufriedenheit und Selbstabwertung einher. Manchmal führen die Abwertungen dann sogar zu Selbstanklagen und depressiven Stimmungen.

In unserer heutigen Gesellschaft, in der Menschen zunehmend über ihre Leistung definiert werden, verschärft sich das Problem. Einerseits besteht die Angst, die von außen kommenden Erwartungen nicht zu erfüllen, andererseits die Sorge, den eigenen Zielen nicht gerecht zu werden. Durch die Angst, nicht genug zu sein, kann es zu massiven Versagensängsten kommen. Die Enttäuschungen über vermeintlich nicht erbrachte Leistungen addieren sich, das Selbstwertgefühl sinkt und depressive Stimmungen sind vorprogrammiert (Möller & Samsel, 2015).

Dadurch, dass perfektionistisch veranlagte Menschen nur selten einen wohlwollenden Umgang mit ihren eigenen Schwächen und Fehlern haben, werden die meisten Fehler als Versagen und Scheitern empfunden. Menschen mit dem Hang zum Perfektionismus haben schon früh gelernt, dass man nur bei guten Leistungen Wertschätzung oder Liebe erfährt, so dass diese Faktoren für sie oft aneinander gekoppelt sind. Daraus entsteht schnell ein Teufelskreis aus Angst. Angst vor der eigenen Fehlerhaftigkeit sowie vor Liebesentzug und sozialer Ausgrenzung, so dass Fehler als existentielle Bedrohung empfunden werden und unbedingt vermieden werden müssen (Bonelli, 2014).

Um aus diesem Teufelskreis auszusteigen, kann es helfen, eine neue innere Ordnung herzustellen und zu akzeptieren, dass man nicht alles erreicht, was man sich vornimmt oder wünscht. Es geht darum, Unvollkommenheit auszuhalten und zu erfahren, dass man aus Fehlern auch lernen kann, dass sie Teil eines normalen

Lern- und Arbeitsprozesses sind und kein Versagen oder Scheitern darstellen.

Welche Rolle spielt Perfektionismus für Sie? Wie gehen Sie mit vermeintlichem Scheitern um? Was bedeutet das Gefühl des Versagens für Sie?

Wie war das in Ihrer Kindheit? Hatten Ihre Eltern hohe Erwartungen an Sie? Wofür haben Sie Liebe und Anerkennung bekommen? Wofür geben Sie sich selbst Liebe und Anerkennung?

Notieren Sie mindestens eine Woche lang jeden Tag eine Sache, die Ihnen an diesem Tag gelungen ist. Denken Sie dabei auch an Dinge, die Ihnen scheinbar selbstverständlich oder banal vorkommen.

4.9 Zukunftsideen und Lebensziele

Die Entwicklung von Perspektiven und Zielen bedeutet eine lebenslange Aufgabe und Herausforderung, da wir unsere Ziele ständig an die aktuelle Situation anpassen müssen, sei es, weil Ereignisse eintreten, die neue Bedingungen schaffen oder sich unsere Vorstellungen und Prioritäten ändern. Um die dafür erforderliche Anpassungsleistung zu erbringen, hat es sich bewährt, Ziele immer wieder ganz konkret zu formulieren und zu notieren, um eine entsprechende Ausrichtung zu erreichen und die innere Motivation zu steigern (Pham & Taylor, 1999).

4.9 Zukunftsideen und Lebensziele

> Während von außen an uns herangetragene Erwartungen durch den Aufbau von Leistungsdruck eher einen negativen Effekt auf uns haben, können wir Ziele, die unseren eigenen Bedürfnissen und Idealen entsprechen, mit einem positiveren Gefühl und nachhaltigeren Bemühen verfolgen.

Ein Phänomen, das sich in mehreren wissenschaftlichen Studien nachweisen ließ. So zeigte sich zum Beispiel bei Studierenden, dass ihre Bemühungen und Erfolge größer waren, wenn sie die Ziele verfolgten, die sie sich selbst gesetzt hatten, und nicht die Zielvorgaben von Eltern oder Professoren umsetzen mussten (Sheldon & Houser-Marko, 2001).

Sobald wir Ziele benennen, trägt schon das im Augenblick der Formulierung und Imagination zu unserem Wohlbefinden bei, so dass wir direkt davon profitieren und nicht erst in einer fernen Zukunft, in der das Ziel vielleicht erreicht wird (Stein & Kollegen, 1997).

Um Ziele zu erreichen, benötigen wir aber nicht nur eine konkrete Vorstellung dieser Ziele, sondern müssen sie zugleich konsequent verfolgen. Zudem sollten wir prüfen, ob wir überhaupt Einfluss auf das Erreichen unserer Ziele haben, weil alles andere zu unnötiger Frustration führt und uns in einem passiven, hoffenden Zustand hält (Heimes, 2012).

Zahlreiche Studien haben gezeigt, dass das Schreiben uns dabei helfen kann, unsere Ziele und Visionen zu benennen und umzusetzen. Schreibend lässt sich eine Verbindung herstellen zwischen dem, was man erreicht hat, und den Zielen, die aufgrund dieser Erfahrungen sinnvoll und erreichbar scheinen. Wissenschaftler konnten nachweisen, dass Menschen, die in der Lage sind, die Gegebenheiten der Gegenwart mit den Zielen in der Zukunft in Zusammenhang zu bringen, gut einschätzen können, ob sich die angestrebten Ziele umsetzen lassen. Das trägt wiederum zu einer positiven Erwartungshaltung und Aktivierung auf der Handlungsebene bei und erhöht die Wahrscheinlichkeit, dass man seine Ziele tatsächlich erreicht (Oettingen & Kollegen, 2001).

Auch das Formulieren und Aufschreiben von Strategien zur Zielerreichung sowie positives Feedback beim Erreichen von Zwischenetappen haben maßgeblichen Einfluss auf unseren Erfolg (Latham, 2001).

Was könnten zehn Ziele von Ihnen sein? Notieren Sie diese in Stichpunkten, schnell und ohne nachzudenken. Bringen Sie die Ziele in einem zweiten Schritt in eine Reihenfolge. Überlegen Sie, ob die spontan benannten Ziele mit denen übereinstimmen, die Sie mit etwas Nachdenken notieren würden.

Welche Ziele hatten Sie früher. Welche davon bestehen heute noch? Wo können Sie anknüpfen und wo gilt es, neue Visionen und Ideen zu entwickeln?

Welchen Dingen möchten Sie in Ihrem Leben in Zukunft gerne mehr Priorität einräumen? Wie wollen Sie das machen?

Erstellen Sie eine Bucket-List: Was wollen Sie alles noch erleben, bevor Sie sterben?

Eine amerikanische Forscherin ließ Studierende entweder über ein belastendes Erlebnis schreiben, ein neutrales Thema oder eine positive Zukunft. Die Zukunftsvorstellung sollte dabei so sein, dass alle Lebensziele sich erfüllt haben würden, was als *Best Possible Self* bezeichnet wurde (King, 2001). Die Idee war, dass das Schreiben über eine positive imaginierte Zukunft sowohl zu einer Verbesserung der Selbstwirksamkeit als auch der Lebenszufriedenheit führen und die Lebensorientierung erleichtern könnte. Und tatsächlich waren die Studierenden, die über das Erreichen ihrer Ziele geschrieben hatten, nach dem Schreiben am zufriedensten und hatten das Gefühl, für ihr Lebensglück selbst verantwortlich zu sein (Heimes, 2012; King, 2001). Dazu passen Studien, die gezeigt haben, dass Menschen, die sich die Bewältigung von Aufgaben vorstellen können, bei der Erfüllung der Aufgaben besser abschneiden als Menschen mit geringerer Imaginationsfähigkeit (Pham & Taylor, 1999).

Stellen Sie sich vor, dass in der Zukunft alles so gut wie möglich gelaufen sein wird. Sie haben hart gearbeitet und alle Ziele erreicht. Stellen Sie sich weiterhin vor, alle Ihre Lebensträume haben sich erfüllt. Malen Sie sich aus, was das für Ihr Leben bedeutet. Erkunden Sie die Gefühle und Gedanken, die mit dieser Vorstellung einhergehen und stellen Sie sich vor, wie Ihr Leben aussehen würde.

Zuweilen kann es vorkommen, dass unser Leben so sehr von einer psychischen oder körperlichen Erkrankung bestimmt wird, dass wir uns ein Dasein ohne Beschwerden und Einschränkungen kaum noch vorstellen können, so dass es uns schwer fällt, Ziele zu formulieren oder eine positive Zukunft zu imaginieren. Dann kann es hilfreich sein, die sogenannte *Wunderfrage* zu stellen. Diese führt dazu, dass wir uns sowohl mit den Chancen als auch Herausforderungen auseinandersetzen, die auf uns zukommen, wenn unsere Beschwerden, die viel Zeit und Raum eingenommen haben, mit einem Mal verschwinden. Vielleicht fällt es uns schwer, Hobbys wieder aufzunehmen, weil wir nicht wissen, ob wir sie noch ausüben können oder wollen. Oder wir haben für die gewonnene Zeit noch keine ausreichende Struktur. Schreibend können wir den Blick auf das richten, was möglich ist sowie neue Ideen und Strategien entwickeln.

Stellen Sie sich vor, dass über Nacht ein Wunder passiert und Ihre Depression verschwunden ist. Woran merken Sie das? Woran merken andere es? Wie sieht der erste Tag Ihres Lebens nach der Depression aus? Wie fühlen Sie sich, sobald Sie die Augen aufschlagen? Was machen Sie? Beschreiben Sie den ersten Tag nach dem Verschwinden Ihrer Krankheit so konkret und detailliert wie möglich.

Wenn Sie sich ein Jahr in die Zukunft denken, in der Sie weniger Symptome einer oder gar keine Depression mehr haben werden: Was würden Sie Ihrem heutigen Ich aus dieser Zukunft gerne mitteilen? Schreiben Sie Ihrem heutigen Ich einen entsprechenden Brief.

4.10 Philosophie der kleinen Schritte

Neue Wege zu gehen, ist verdammt schwer. Nicht nur, dass wir einiges ändern müssen, wenn es wirklich neue Wege sein sollen, sondern als Erstes steht meist auch eine Entscheidung an. Dabei muss man einen Weg wählen, den man sowohl gehen will als auch gehen kann.

Meist stehen einem mehrere Wege zur Verfügung und für alle gibt es mehr oder weniger gute Gründe, sie zu beschreiten und oft genauso viele, es nicht zu tun. Doch wenn Sie bereit sind, Veränderungen in Angriff zu nehmen, gibt es gute Nachrichten aus den Neurowissenschaften: Unser Gehirn ist lebenslang lern- und veränderungsfähig.

Veränderungen bedürfen, zumindest zu Beginn, jedoch ständiger Bemühungen. Alles, was wir denken, fühlen und tun, wirkt auf die Struktur unseres Gehirns und die Verschaltung der Nervenzel-

4.10 Philosophie der kleinen Schritte

len. Somit bestimmt der Gebrauch unseres Hirns gewissermaßen dessen Funktion. Deswegen ist es nur allzu verständlich, dass Handlungen, die wir oft ausführen, Gedanken, die wir häufig denken, und Gefühle, die wir immer wieder haben, tiefere Spuren in unserem Gehirn hinterlassen als etwas, das wir nur gelegentlich machen oder noch nie gemacht, gedacht oder gefühlt haben.

> Wenn wir auf Verhaltens-, Denk- oder Gefühlsebene eine Veränderung anstreben, muss dafür ein neuer Pfad in unserem Gehirn angelegt werden. Nervenbahnen müssen »bestätigt« und Nervenzellen miteinander verschaltet werden.

Die Idee der kleinen Schritte trägt u. a. dazu bei, dass wir uns für Veränderungen ausreichend Zeit und Raum geben, um diese neuronalen Verschaltungen zu unterstützen. Zudem können wir uns über kleine Fortschritte freuen und erleben Rückschläge nicht so massiv, als hätten wir uns übergroße Ziele gesetzt.

Die Philosophie der kleinen Schritte bedeutet auch, dass wir immer nur an die nächsten 24 Stunden denken, wenn wir eine schwierige Zeit haben. Dann gilt es, zu versuchen, die nächsten 24 Stunden so zu gestalten, dass sie für uns erträglicher werden und wir vielleicht noch einzelne angenehme Augenblicke erleben, auch wenn es sich dabei nur um Momente handelt.

Alles, nur nicht aufgeben! Weder in dem Bemühen um ein gutes Leben noch in dem Bemühen, unsere Ziele zu verwirklichen. Es immer wieder versuchen, in ganz kleinen Schritten, wenn es sein muss. Versuchen, etwas zu erschaffen, das uns erfreut und befriedigt und unser Leben lebenswert macht. Der irische Autor Samuel Beckett (1989) hat es einmal folgendermaßen formuliert: »Immer versucht. Immer gescheitert. Einerlei. Wieder versuchen. Wieder scheitern. Besser scheitern.«

Aber es geht nicht nur darum, das Scheitern auszuhalten, sondern ebenso darum, daran zu denken, dass wir immer nur diesen einen Tag haben. 24 Stunden. Es gibt den Satz: »Heute ist der erste

Tag vom Rest deines Lebens.« Das Zitat wird unterschiedlichen Menschen zugeschrieben, unter anderem Mahatma Gandhi. Doch, wer auch immer den Satz gesagt hat, er hat Recht: Wir haben immer nur das Hier und Jetzt. Das Gestern ist vorbei und was uns Morgen erwartet, wissen wir nicht. Also sollten wir uns auf den jeweils aktuellen Tag konzentrieren und ihn so bewusst und intensiv wahrnehmen wie möglich, in guten wie in schlechten Augenblicken.

In der japanischen Philosophie gibt es ebenfalls die Idee der kleinen Schritte. Sie wird auch als »Kaizen« bezeichnet. Sofern sich die Worte überhaupt übersetzen lassen, steht »Kai« für »Veränderung« und »Zen« für den »Wandel zum Besseren«. Obwohl der Begriff aus der Wirtschaft stammt, lässt sich die Strategie des beständigen Bemühens auch auf persönlicher Ebene anwenden. Ein Psychologe der medizinischen Fakultät der University of California in Los Angeles lernte das Prinzip *Kaizen* bei der Arbeit in einem Unternehmen kennen und adaptierte es für persönliche Wandlungsprozesse (Maurer, 2019). Beim »Kaizen« geht es darum, in kleinen Schritten neue Wege zu beschreiten, um durch maßvolle Anpassungen das Scheitern zu minimieren.

Was halten Sie von der Philosophie der kleinen Schritte? Wie haben Sie das in Ihrem bisherigen Leben gehalten und wie wollen Sie Veränderungen in Zukunft angehen?

Gibt es etwas, das Sie aktuell anstreben bzw. erreichen wollen? Wie könnte ein erster kleiner Schritt aussehen, um es umzusetzen?

Welches sind Ihre aktuellen Vorhaben? Können Sie für jedes Vorhaben folgenden Satz beenden: »Heute werde ich für mein Ziel ...«

5

Nachwort

Was ich mir an dieser Stelle am meisten wünsche: Dass Sie ins Schreiben gekommen sind und es als Kraftquelle erlebt haben. Dass Sie Ihre Kreativität wiederentdeckt haben und sich aufs Neue auf den Weg in ein aktives und neugieriges Leben machen, trotz der schweren Last, die eine depressive Erkrankung mit sich bringen kann.

Vielleicht haben Sie festgestellt, dass vieles leichter zu ertragen ist, wenn man es sich buchstäblich von der Seele schreibt und man im Schreiben einen zuverlässigen Begleiter findet, der einem jederzeit und überall kostenfrei zur Verfügung steht.

Ich würde mich sehr freuen, wenn Sie das Schreiben als festen Bestandteil in Ihr Leben integrieren würden, um sich selbst zu begleiten und zu reflektieren und Ihre kreative Quelle am Sprudeln zu halten. Ich wünsche Ihnen, dass Sie einen guten Umgang mit Ihrer Krankheit und vor allem mit sich selbst finden und sich mit Ihren Beschwerden und den Widrigkeiten des Lebens aussöhnen.

Sollten Sie das Bedürfnis haben, mir zu schreiben, können Sie das gerne machen. Meine Kontaktdaten finden Sie auf meiner Webseite www.silke-heimes.de oder Sie schreiben mir direkt unter: info@silke-heimes.de.

Ich danke Ihnen für die gemeinsame Reise und wünsche Ihnen alles Gute.

6

Anlaufstellen und Internetadressen

Sollten Sie sich in einer Krise befinden, holen Sie sich bitte Hilfe. Grundsätzlich ist der Arzt Ihres Vertrauens, meist der Hausarzt, der erste Ansprechpartner. Dieser wird dann mit Ihnen gemeinsam entscheiden, was der sinnvollste Weg für Sie ist. Ob Sie zunächst ambulant einen Facharzt oder Therapeuten aufsuchen oder sich direkt in eine Klinik begeben.

In Notfällen und wenn der Hausarzt nicht erreichbar ist, wenden Sie sich bitte an den ärztlichen Notdienst oder eine Klinik. Außerdem gibt es Krisendienste und Beratungsstellen, die Sie auf verschiedene Weise unterstützen können und von denen einige im Folgenden aufgelistet sind.

6 Anlaufstellen und Internetadressen

Weitere hilfreiche Informationen zum Thema Depression und Hilfsangebote finden Sie unter dem Abschnitt *Internetadressen*. Bei den Listen handelt es sich selbstverständlich nur um eine Auswahl. Es besteht weder ein Anspruch auf Vollständigkeit noch auf Aktualität, da sich die Angebote im Netz beständig verändern.

6.1 Anlaufstellen

- www.deutsche-depressionshilfe.de/depression-infos-und-hilfe/wo-finde-ich-hilfe/krisendienste-und-beratungsstellen
  Auf dieser Webseite stellt die Deutsche Depressionshilfe eine Internetsuchfunktion zur Verfügung, die es Ihnen ermöglicht, Krisen- und Beratungsdienste vor Ort zu finden.
- www.telefonseelsorge.de
  Die Telefonseelsorge ist 24 Stunden an 365 Tagen im Jahr erreichbar. Sie berät anonym und kostenfrei unter den bundesweit gültigen Nummern 0800 1110111 und 0800 1110222 sowie per E-Mail und im Chat.
- www.nummergegenkummer.de
  Unter dieser Webadresse findet man das Kinder- und Jugendtelefon für Probleme und Krisen. Es ist unter der bundesweiten Nummer 116111 erreichbar. Dort gibt es auch ein Elterntelefon: 0800 1110550.
- www.krisenchat.de
  Hier stehen Menschen mit akademischem Hintergrund in Psychologie oder Sozialpädagogik im Chat zur Verfügung. Das Angebot richtet sich vor allem an jüngere Menschen (unter 25 Jahren).
- https://krisendienst-frankfurt.de, https://www.berliner-krisendienst.de etc.
  Viele Bundesländer und Städte haben eigene Krisendienste, die man über die gängigen Suchmaschinen findet.

- www.116117.de
  Sie können auch jederzeit Kontakt mit dem ärztlichen psychiatrischen Bereitschaftsdienst aufnehmen. Die bundesweite Nummer ist diejenige, die Sie auch bei körperlichen Beschwerden wählen können: 116117.

6.2 Internetadressen

- www.deutsche-depressionshilfe.de/start
  Die Stiftung Deutsche Depressionshilfe arbeitet daran, die Versorgung von depressiv Erkrankten zu verbessern. Sie klären über Depressionen auf und erforschen die Krankheit sowie die Versorgungsmöglichkeiten.
- www.dgpt.de
  Die Deutsche Gesellschaft für Psychoanalyse, Psychotherapie, Psychosomatik und Tiefenpsychologie e. V. (DGPT) stellt Adressen analytisch und tiefenpsychologisch ausgerichteter Psychotherapeuten zur Verfügung.
- www.dgkjp.de
  Auf den Seiten der Deutschen Gesellschaft für Kinder- und Jugendpsychiatrie, Psychosomatik und Psychotherapie e. V. (DGKJP) finden sich Ansprechpartner für Eltern von betroffenen Kindern.
- www.vakjp.de
  Die Website der Vereinigung Analytischer Kinder- und Jugendlichenpsychotherapeuten (VAKJP) liefert Adressen von analytisch ausgerichteten Kinder- und Jugendtherapeuten.
- www.dgbs.de
  Die Deutsche Gesellschaft für Bipolare Störungen e. V. hat sich zum Ziel gesetzt, den Erfahrungsaustausch zwischen Professionellen, Betroffenen und ihren Angehörigen sowie allen am Gesundheitswesen Beteiligten zu fördern.

6 Anlaufstellen und Internetadressen

- www.nakos.de
  Hier finden sich nationale Kontakt- und Informationsstellen zur Anregung und Unterstützung von Selbsthilfegruppen.
- www.schatten-und-licht.de
  Die Selbsthilfeorganisation richtet sich an Schwangere und Mütter mit Depressionen oder Psychosen nach der Entbindung.
- www.bapk.de
  Auf diesen Seiten finden sich Möglichkeiten zur Beratung und zum Austausch für Angehörige.

Literatur

Akiskal, H. S. & Akiskal, B. A. (1992). Cyclothymic, hyperthymic, and depressive temperaments as subaffective variants of mood disorders. American Psychiatric Press Review of Psychiatry, 11, 43–62.

Akiskal, H. S., Brieger, P., Mundt, C., Angst, J. & Marneros, A. (2002). Temperament und affektive Störungen. Die TEMPS-A-Skala als Konvergenz europäischer und US-amerikanischer Konzepte. Nervenarzt, 73, 262–271.

Antonovsky, A. (1997). Salutogenese. Zur Entmystifizierung der Gesundheit. Deutsche erweiterte Herausgabe von Alexa Franke. Tübingen: dgvt.

Apotheken Umschau (2020). Prävention: Suizid im Vorfeld verhindern. Zugriff am 06.12.2021 unter: www.apotheken-umschau.de/gesund-bleiben/psyche/praevention-suizid-im-vorfeld-verhindern-716489.html.

Baikie, K. A. & Wilhelm, K. (2005). Emotional and physical health benefits of expressive writing. Advances in Psychiatric Treatment, 11, 338–346.

Bandura, A. (1997). Self-efficacy: The exercise of control. New York: Freeman.

Barnhofer, T. & Born, H. (2011). Achtsamkeitsbasierte kognitive Therapie bei affektiven Störungen. Ein vielversprechendes Verfahren. Deutsches Ärzteblatt, PP, 2, 81–83.

Beck, A. T. (1999). Kognitive Therapie der Depression. Weinheim: Beltz.

Beckett, S. (1989). Worstward Ho/Aufs Schlimmste zu. Frankfurt am Main: Suhrkamp.

Berger, M., Linden, M., Schramm, E., Hillert, A., Voderholzer, U. & Maier, W. (2012). Positionspapier der Deutschen Gesellschaft für Psychiatrie, Psychotherapie und Nervenheilkunde (DGPPN) zum Thema Burnout. Berlin: DGPPN.

Birbaumer, N. & Schmidt, RF. (Hrsg.) (2005). *Biologische Psychologie.* Berlin: Springer.

Bonelli, R. M. (2014). Perfektionismus: Wenn das Soll zum Muss wird. München: Pattloch.

BR Wissen (2018) Was uns wirklich glücklich macht. Zugriff am 03.09.2022 unter: https://www.br.de/themen/wissen/glueck-gluecksforschung-gehirn-100.html,

Breton, A. (1986). Erstes Manifest des Surrealismus. In A. Breton (Hrsg.), Die Manifeste des Surrealismus (S. 9–43). Reinbek: Rowohlt.

Brewin, C. R. & Power, M. J. (1999). Integrating psychological therapies: Processes of meaning transformation. British Journal of Medical Psychology, 72, 143–157.

Bucci, W. & Freedman, N. (1981). The language of depression. Bulletin of the Menninger Clinic 45:34-358.

Bühring, P. (2020). Systemische Therapie: Viertes Richtlinienverfahren im Juli gestartet. Deutsches Ärzteblatt, PP, 19, 252. Zugriff am 06.21.21 unter https://www.aerzteblatt.de/archiv/214684/Systemische-Therapie-Viertes-Richtlinienverfahren-im-Juli-gestartet

Campbell, R. S. & Pennebaker, J. W. (2003). The secret life of pronouns: Flexibility in writing style and physical health. Psychological Science, 14, 60–65.

Catanzaro, S. J. & Greenwood, G. (1994). Expectancies for negative mood regulation, coping, and dysphoria among college students. Journal of Counseling Psychology, 41, 34–44.

Catanzaro, S. J., Wasch, H. H., Kirsch, I. & Mearns, J. (2000). Coping related expectancies and dispositions as prospective predictors of coping responses and symptoms. Journal of Personality, 68, 757–788.

Chen, Y. Y. & Contrada, R. J. (2009). Framing written emotional expression from a religious perspective: effects on depressive symptoms. The Internal Journal of Psychiatry in Medicine, 39(4), 427–38.

Costa, P. T Jr. & McCrae, R. R. (1990). Personality disorders and the five-factor model of personality. Journal of Personality Disorders, 4, 362–371.

Davidson, R. J., Kabat-Zinn, J., Schumacher, J., Rosenkranz, M., Müller, D., Santorelli, S., Urbanowski, F., Harrington, A., Bonus, K. & Sheridan, JF. (2003). Alterations in brain and immune function produced by mindfulness meditation. Psychosomatic Medicine, 65, 564–570.

DeGraaf, R., Bijl, R. V., Ravelli, A., Smit, F. & Vollebergh, V. A. M. (2002). Predictors of first incidence of DSM-III-R psychiatric disorders in the general population: findings from the Netherlands Mental Health Survey and Incidence Study. Acta Psychiatrica Scandinavica, 106(4), 303–313.

Deutschland-Barometer Depression (2017). Zugriff am 10.11.2021 unter: www.deutsche-depressionshilfe.de/files/cms/downloads/studienergebnisse_depression_so-denkt-deutschland.pdf

Deutschlandfunk (2017). Volkskrankheit Depression. Erhöhtes Risiko für Leistungsstarke, Joachim Bauer im Gespräch mit Benedikt Schulz. Zugriff am 10.11.2021 unter: www.deutschlandfunk.de/volkskrankheit-depression-erhoehtes-risiko-fuer-100.html.

Ellis, A. (1973). Humanistic Psychotherapy. The rational-emotive approach. New York: McGraw-Hill.

Ellis, A. (1993). Grundlagen der Rational-Emotiven Verhaltenstherapie. München: Pfeiffer.

Fast, L. & Funder, D. (2010). Gender difference in the correlates of self-referent word use. Journal of Personality, 78(1), 313–38.

Finkenauer, C. & Rimé, B. (1998). Socially shared emotional experiences vs. emotional experiences kept secret: Differential characteristics and consequences. Journal of Social and Clinical Psychology, 17, 295–318.

Francis, M. E. & Pennebaker, J. W. (1992). Putting stress into words: The impact of writing on physiological, absentee, and self-reported emotional well-being measures. Stress Management, 6, 280–287.

Frattaroli, J. (2006). Experimental disclosure and its moderators: A meta-analysis. Psychological Bulletin, 132, 823–865.

Gendlin, E. T. (1998). Focusing. Technik der Selbsthilfe bei der Lösung persönlicher Probleme. Reinbek: Rowohlt.

Gortner, E., Rude, S. & Pennebaker, JW. (2006). Benefits of expressive writing in lowering rumination and depressive symptoms. Behaviour Therapy, 37, 292-303.

Greenberg, M. A., Wortman, C. B. & Stone, A. A. (1996). Emotional expression and physical health. Revising traumatic memories or fostering self-regulation? Journal of Personal Social Psychology, 71, 588–602.

Hausmann, A., Rutz, W. & Meise, U. (2008). Frauen suchen Hilfe – Männer sterben! Ist die Depression wirklich weiblich? Neuropsychiatrie, 22, 1, 43–48.

Hautzinger, M. (2000). KVT bei Depressionen. Weinheim: PVU/Beltz.

Hayes, S. C., Strosahl, K. D. & Wilson, KG. (1999). Acceptance and commitment therapy: An experiential approach to behavior change. New York: Guilford.

Heimes, S. (2008). Kreatives und therapeutisches Schreiben. Ein Arbeitsbuch. Göttingen: Vandenhoeck & Ruprecht.

Heimes, S. (2012). Warum Schreiben hilft. Die Wirksamkeitsnachweise zur Poesietherapie. Göttingen: Vandenhoeck & Ruprecht.

Heimes, S. (2014). Schreiben als Selbstcoaching. Göttingen: Vandenhoeck & Ruprecht.

Heimes, S. (2015). Schreib dich gesund. Übungen für verschiedene Krankheitsbilder. Göttingen: Vandenhoeck & Ruprecht.

Heimes, S. (2019). Du – Ich – Wir. Kreatives Schreiben für die Liebe. Göttingen: Vandenhoeck & Ruprecht.

Heimes, S., Seizer, H. U., Soyka, M. & Zingg, C. (2008). Wort für Wort. Die Heilkraft der Sprache in der Poesietherapie. Musik-, Tanz- und Kunsttherapie, 19(1), 36–47.

Hockemeyer, JR., Smyth, JM., Anderson, CF. & Stone, A. (1999). Is it safe to write? Evaluating the short-term distress produced by writing about emotionally traumatic experiences. Psychosomatic Medicine, 61, 99.

Horn, A. (2004). Depressionsprävention durch Förderung der Emotionsregulation: Expressives Schreiben für Jugendliche. Berlin: Logos.

Horn, A. B., Mehl, M. R. & Große Deters, F. (2011). Expressives Schreiben und Immunaktivität – gesundheitsfördernde Aspekte der Selbstöffnung. In C. Schubert (Hrsg.), Psychoneuroimmunologie und Psychotherapie. (S. 208-227). Stuttgart: Schattauer.

Hunt, M. G., Schloss, H., Moonat, S., Poulos, S. & Wieland, J. (2007). Emotional processing versus cognitive restructuring in response to a depressing life event. Cognitive Therapy and Research, 31, 833–851.

ICD-11 (2022), Zugriff am 04.09.2022 unter: http://www.bfarm.de/DE/Kodiersysteme/Klassifikationen/ICD/ICD-11/uebersetzung/_node.html

Jacobi, F., Höfler, M., Strehle, J., Mack, S., Gerschler, A., Scholl, L., Busch, M. A., Maske, U., Hapke, U., Gaebel, W., Maier, W., Wagner, M., Zielasek, J. & Wittchen, H. U (2014). Psychische Störungen in der Allgemeinbevölkerung. Studie zur Gesundheit Erwachsener in Deutschland und ihr Zusatzmodul psychische Gesundheit (DEGS1-MH). Nervenarzt, 85, 77–87.

Kabat-Zinn, J. (2006). Gesund durch Meditation. Das große Buch der Selbstheilung. Frankfurt: Fischer.

Kalben, von B. (2021) Träume. Planet Wissen, Zugriff am 03.09.2022 unter: https://www.planet-wissen.de/gesellschaft/schlaf/traeume/index.html

Kallay, E., Vaida, S., Borla, S. & Opre, A. (2008). The benefits of classic and enhanced tasks of expressive writing for the emotional life of female freshman students. A pilot study. Cognition, Brain, Behavior, 12(3), 251–264.

Kara, S. (2021). Wie geht's uns eigentlich? DIE ZEIT, 04.11.2021, 47–48.

Keller, M. B., Hirschfeld, R. M.A. & Hanks, D. (1997) Double depression: A distinctive subtype of unipolar depression. Journal of Affective Disorders, 45, 65–73.

King, L. A. (2001). The health benefits of writing about life goals. Personality and Social Psychology Bulletin, 27, 7, 798–807.

Kirschbaum, C. & Hellhammer, D. H. (Hrsg.) (1999). Enzyklopädie der Psychologie. Psychoendokrinologie und Psychoimmunologie. Göttingen: Hogrefe.

Koole, S. L. (2009). The psychology of emotion regulation: An integrative review. Cognition and Emotion, 23(1), 4–41.

Koopman, C., Ismailji, T., Holmes, D., Classen, C. C., Palesh, O. & Wales, T. (2005). The effects of expressive writing on depression and posttraumatic stress symptoms in survivors of intimate violence. Journal of Health Psychology, 10, 211–221.

Kraft, U. (2016). Wenn die Depression auf den Körper schlägt. Apotheken Umschau. Zugriff am 02.09.2022 unter https://www.apotheken-umschau.de/krankheiten-symptome/psychische-krankheiten/wenn-die-depression-auf-den-koerper-schlaegt-718309.html

Kurtz, R. (1994). Hakomi. Eine körperorientierte Psychotherapie. München: Kösel.

Lammers, C. H. (2008). Emotionsbezogene Psychotherapie. Stuttgart: Schattauer.

Langens, T. A. & Schüler, J. (2005). Written emotional expression and emotional well-being: The moderating role of fear of rejection. Personality and Social Psychology Bulletin, 31, 818–830.

Langens, T. A. & Schüler, J. (2007). Effects of written emotional expression: The role of positive expectancies. Health Psychology, 26, 174–182.

Latham, G. P. (2001). The reciprocal effects of science and practice, insights from the practice and science of goal setting. Canadian Psychology 42(1), 1–11.

Laux, G. & Wolfersdorf, M. (2022). Depressionen. Ein Erfahrungsbuch zu Diagnostik, Verlauf, Therapie und Prävention. Stuttgart: Kohlhammer.

Lepore, S. J. (1997). Expressive writing moderates the relation between intrusive thoughts and depressive symptoms. Journal of Personality and Social Psychology, 73, 1030–1037.

Lepore, S. J. & Greenberg, M. A. (2002). Mending broken hearts: Effects of expressive writing on mood, cognitive processing, social adjustment and health following a relationship breakup. Psychology & Health 17, 547–560.

Lewinsohn, P. M., Rohde, P. & Joiner, T. E. (2001). Evaluation of cognitive diathesis-stress models in predicting major depressive disorder in adolescents. Journal of Abnormal Psychology, 110, 203–215.

Linehan, M. M. (2009). Trainingsmanual zur Dialektisch-Behavioralen Therapie der Borderline Persönlichkeitsstörung. München: CIP-Medien.

Maslow, A. (1943). A theory of human motivation. Psychological Review, 50 (4), 370–396.

Maurer, R. (2019). Wie ein kleiner Schritt Ihr Leben verändert. Der Weg des Kaizen. München: FinanzBuch Verlag.

Möller, H. & Samsel, W. (2015). Die Last des Perfektionismus. Wie das Streben nach Perfektionismus zum Scheitern führen kann. Musikphysiologie und Musikmedizin, 3(22), 93–99.

OECD (2022). Better Life Index. Zugriff am 03.09.2022 unter https://www.oecd betterlifeindex.org/#/11111111111

Oettingen, G., Pak, H. & Schnetter, K. (2001). Self-regulation of goal setting: Turning free fantasies about the future into binding goals. Journal of Personal and Social Psychology, 80(5), 736–753.

Pennebaker, J. W. & Beall, S. K. (1986). Confronting a traumatic event: Toward an understanding of inhibition and disease. Journal of Abnormal Psychology, 95(3), 274–281.

Pham, L. B. & Taylor, S. E. (1999). From thought to action: Effects of process- versus outcome-based mental simulations on performance. Personality and Social Psychology Bulletin, 25(2), 250–260.

Radcliffe, A. M., Lumley, M. A., Kendall, J., Stevenson, J. K. & Beltran, J. (2010). Written emotional disclosure: Testing whether social disclosure matters. Journal of Social and Clinical Psychology, 26(3), 362–384.

Resick, P. A., Galovski, T. E., Uhlmansiek, M. O., Scher, C. D., Clum, G. A. & Young-Xu, Y. (2008). A randomized clinical trial to dismantle components of cognitive processing therapy for posttraumatic stress disorder in female victims of interpersonal violence. Journal of Consulting and Clinical Psychology, 76, 243–258.

Rude, S. S., Gortner, E. M. & Pennebaker, J. W. (2004). Language use of depressed and depression-vulnerable college students. Cognition & Emotion, 18 (8), 1121–1133.

Samoilov, A. & Goldfried, M. R. (2000). Role of emotion in cognitive-behavioral therapy. Clinical Psychology: Science and Practice, 7, 373–402.

Saß, H. (1988). Persönlichkeit und Persönlichkeitsstörung. In W. Janzarik (Hrsg.), Persönlichkeit und Psychose. (S. 3-17), Stuttgart: Enke.

Saß, H., Houben, I., Herpertz, S. & Steinmeyer, E. M. (1996). Persönlichkeit und Persönlichkeitsstörungen - konzeptionelle und klassifikatorische Aspekte. In G. Gross, G. Huber & J. Morgner. (Hrsg.), Persönlichkeit, Persönlichkeitsstörung, Psychose. (S. 23–38) Stuttgart: Schattauer.

Schoutrop, M. J. A., Lange, A., Hanewald, G., Davidovich, U. & Salomon, H. (2002). Structured writing and processing major stressful events: A controlled trial. Psychotherapy and Psychosomatics, 71, 141–157.

Schulte-Steinicke, B. (2005). Kreatives Schreiben und Perinatale Psychologie: Aufspüren früher Bilder und Einsatzmöglichkeiten. Heidelberg: XVI. Internationaler Kongress der ISPPM.

Segal, Z. V., Williams, M. G. & Teasdale, J. D. (2001). Mindfulness-Based Cognitive Therapy for Depression: A New Approach to Preventing Relapse. New York: Guilford Press.

Sheldon, K. M. & Houser-Marko, L. (2001). Self-concordance, goal attainment, and the pursuit of happiness: Can there be an upward spiral? Journal of Personal and Social Psychology, 80(1), 152–165.

Sloan, D. M. & Epstein, E. M. (2005). Respiratory sinus arrhytmia predicts written disclosure outcome. Psychophysiology, 42(5), 611–615.

Sloan, D. M., Marx, BP. & Epstein, EM. (2005). Further examination of the exposure model underlying the efficacy of written emotional disclosure. Journal of Consulting and Clinical Psychology, 73, 549–554.

Sloan, D. M., Feinstein, B. A. & Marx, B. P. (2009). The durability of beneficial health effects associated with expressive writing. Anxiety, Stress, and Coping, 22, 509–523.

Smith, TW. & Greenberg, J. (1981). Depression and self-focused attention. Motivation and Emotion, 5, 323–331.

Smyth, J. (1998). Written emotional expression: Effect sizes, outcome types and moderating variables. Journal of Consulting and Clinical Psychology, 66, 174–184.

Statistisches Bundesamt (2021). Todesursachen: Suizide. Zugriff am 10.11.2021 unter: www.destatis.de/DE/Themen/Gesellschaft-Umwelt/Gesundheit/Todesursachen/Tabellen/suizide.html.

Steffen, A., Thom, J., Jacobi, F., Holstiege, J. & Bätzing, J. (2020). Trends in prevalence of depression in Germany between 2009 and 2017 based on nationwide ambulatory claims data. Journal of Affective Disorders, 271, 239–247.

Stein, N., Folkman, S., Trabasso, T. & Richards, T. A. (1997). Appraisal and goal processes as predictors of psychological well-being in bereaved caregivers. Journal of Personal and Social Psychology 72(4), 872–884.

Stewart, G. & Parker, J. (2008). Expressive writing as a coping mechanism for adolescents exposed to domestic violence. Upstate Undergraduate Research Journal, 1, 24–28.

Stice, E., Burton, E. & Bearmann, S. K. (2007). Randomized trial of a brief depression prevention program: An elusive search for a psychosocial placebo control condition. Behaviour Research and Therapy, 45(5), 863–876.

Teasdale, J. D. (1999). Emotional processing, three modes of minds, and the prevention of relapse in depression. Behaviour Research and Therapy 37 (1), 53–77.

Tellenbach, H. (1961) Melancholie. Berlin: Springer.

Thalhammer, M. & Paulitsch, K. (2014). Burnout – eine sinnvolle Diagnose? Kritische Überlegungen zu einem populären Begriff. Neuropsychiatrie, 28, 151–159.

Thich Nhat Hanh (1988). Das Wunder der Achtsamkeit. Berlin: Theseus.

Victor, E. D. (2004). Persönlichkeit und Persönlichkeitsstörungen und der Verlauf depressiver Erkrankungen. Ruprecht-Karls-Universität: Dissertation.

Weiss, H. & Harrer, M. E. (2010). Achtsamkeit in der Psychotherapie. Verändern durch »Nicht-Verändern-Wollen« – ein Paradigmenwechsel? Psychotherapeutenjournal, 1, 14–24.

Wellbeing Economy Alliance (2021). Happy Planet Index, Zugriff am 03.09. 2022 unter: https://happyplanetindex.org/wp-content/themes/hpi/public/downloads/happy-planet-index-briefing-paper.pdf

Wenzlaff, R. M. & Wegner, D. M. (2000). Thought suppression. Annual Review of Psychology, 51, 59–91.

Wenzlaff, R. M. & Luxton, D. D. (2003). The role of thought suppression in depressive rumination. Cognition, Therapy and Research, 27, 293–308.

Will, H., Grabenstedt, Y., Völkl, G. & Banck, G. (2019). Depression. Psychodynamik und Therapie. Stuttgart: Kohlhammer.

Wittchen, HU., Jacobi, F., Klose, M. & Ryl, L. (2010). Depressive Erkrankungen: Gesundheitsberichterstattung des Bundes (GBE). Heft 51. Berlin: Robert-Koch-Institut.

Wolf, C. (2019). Warum Burnout keine Krankheit ist. Zugriff am 02.09.2022 unter: https://www.spektrum.de/news/warum-burnout-keine-krankheit-ist/1653764

World Happiness Report (2022). Zugriff am 02.09.2022 unter https://worldhappiness.report/ed/2022/